AF461846

LE MARIAGE SECRET,

COMÉDIE

EN TROIS ACTES, EN VERS;

Représentée à Fontainebleau devant leurs Majestés, le Vendredi 4 Novembre 1785; &, pour la première fois, sur le Théâtre Français, le 10 Mars 1786.

. . . . . Ne songez qu'au plaisir.
Madame DE VOLMARE, *dernier Vers du Ier. Acte.*

Prix 30 sols.

A PARIS,

Chez la Veuve DUCHESNE, Libraire, rue Saint-Jacques.

M. DCC. LXXXVI.

A MA MERE.

Du Public indulgent l'éloge & le suffrage
Par-delà mon espoir ont comblé mes souhaits.
Mon amour-propre du succès
A bien goûté tout l'avantage ;
Mais la gloire a laissé des desirs à mon cœur.
O vous, à qui toujours il a dû le bonheur,
Ma Mère, pour que cet Ouvrage
Aux plaisirs de l'esprit joigne un prix plus flatteur,
Daignez en recevoir l'hommage.

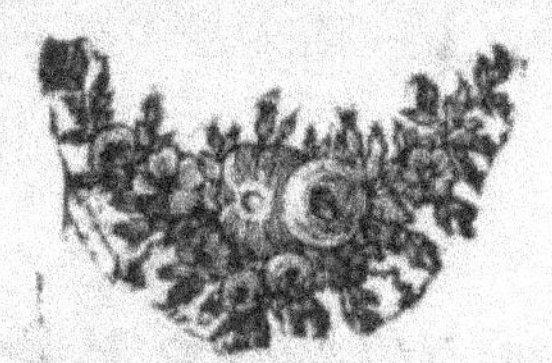

PERSONNAGES.	*ACTEURS.*
M. DE BESSONCOUR,	*M. des Essarts.*
PERMAVILLE,	*M. Florence.*
MERVAL,	*M. Molé.*
Le Chevalier DISTELLE,	*M. Fleury.*
WILLIAMS, Jocquey,	*M. Dazincour.*
ÉMILIE,	*Mlle. Olivier.*
Madame DE VOLMARE,	*Mlle. Contat.*

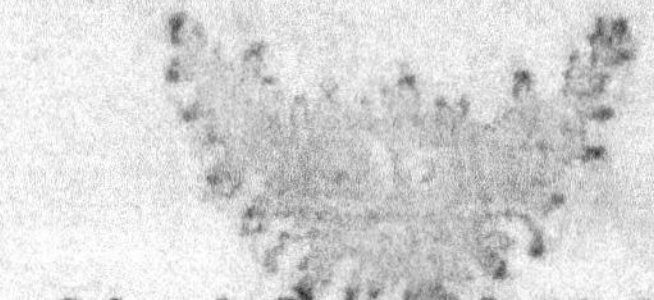

La Scène est dans le Château de M. de Bessoncour.

Pour la facilité de ceux qui voudraient s'amuser de la représentation de cette Pièce, on a suivi un usage établi dans les Pièces récemment imprimées. Dans le titre de chaque Scène, les Acteurs sont placés comme ils doivent l'être, en observant que le premier nommé est toujours le premier du côté de la Reine, c'est-à-dire à la gauche du Spectateur, & les autres ainsi de suite.

LE MARIAGE SECRET, *COMÉDIE.*

ACTE PREMIER.

Le Théâtre représente un Sallon, où répondent plusieurs Appartements.

SCENE PREMIERE.

EMILIE, Madame DE VOLMARE.

Madame DE VOLMARE.

PEUT-ON, comme un enfant, se dépiter ainsi?

EMILIE.

Eh bien, oui, laissez-moi.

Madame DE VOLMARE.

Vous me boudez aussi?

EMILIE.

J'ai besoin d'être seule.

Madame DE VOLMARE.

Eh, non, mon Emilie,
Vous avez besoin d'être avec moi.

EMILIE.

Je vous prie...

Madame DE VOLMARE.

Soyez heureuse & calme, & je vous obéis.
Le bonheur aisément peut se passer d'amis;
Mais un profond chagrin trouble en secret votre ame:
Ce moment m'appartient, & mon cœur le reclame.

EMILIE.

Toujours la même.

Madame DE VOLMARE.

Oh! oui, toujours; vous aimant bien.
Mais quittez cet air sombre & ce triste maintien.
Trouve-t-on dans ses pleurs un remède à ses peines?
Les vôtres aujourd'hui sont d'ailleurs...

EMILIE.

Très-certaines

Madame DE VOLMARE.

Et très-promptes sur-tout. Le plaisir, ce matin,
Répandait son éclat sur votre front serein;
Prêtant à vos discours un charme plus aimable,
La gaîté vous conduit, & vous anime à table.
Enchanté du bonheur qu'il croit fixé chez lui,
Notre oncle, de la Ville exagérant l'ennui,

Veut prendre, cet hiver, son château pour asyle;
L'officieux Merval & l'adroit Permaville,
De ses moindres desirs louangeurs aguéris,
A ce nouveau projet répondent à grands cris.
Vous gardez le silence, & sur votre visage
De dégrés en dégrés se répand un nuage.

EMILIE.

Vous l'avez vu, cruelle!

Madame DE VOLMARE.

Et j'ai servi vos vœux.

EMILIE.

En louant ce projet cent fois encor plus qu'eux;
C'est fort bien.

Madame DE VOLMARE.

C'est le mieux dans la place où nous sommes;
Ce sont de grands enfants que la plupart des hommes.
Obstiné s'il combat, dégoûté s'il obtient,
Ma chère, qui peut tout, ne veut bientôt plus rien.
Mais, parlons vrai; sensible, & dans l'âge où vous êtes,
Paris n'entre pour rien dans vos douleurs secrettes.
On ne me trompe pas: l'ennui rend sérieux;
Les pleurs viennent du cœur, & j'en vois dans vos yeux.

EMILIE, *troublée.*

Moi! point.

Madame DE VOLMARE.

De les cacher, allons, soyez moins vaine;
Offensez l'amitié, redoublez votre peine.
Beau calcul! pour nous deux faites-en un moins faux.
Mettez, à m'avouer la cause de vos maux,

Le courage qu'ici vous mettez à les feindre ;
L'effort sera plus doux, & l'effet moins à craindre.
Contre votre chagrin alors nous serons deux,
Et, souffrant beaucoup moins, nous agirons bien mieux.

EMILIE.

Non, non ; c'est sans espoir.

Madame DE VOLMARE.

Propos de la tristesse ;
Elle est comme la peur, elle accroît la faiblesse.
Parions qu'un seul mot, dans votre sort affreux,
De ce triste destin fait un état heureux.

EMILIE.

Mais, oui.

Madame DE VOLMARE.

Je vous entends : au sein de cette ville,
Dont notre oncle aujourd'hui pour l'hiver nous exile,
Est un homme sensible, aimable, doux, charmant ;
Enfin, ce qu'en un mot, on appelle un amant.....
Vous détournez les yeux ! N'est-ce pas, je devine ?

EMILIE.

A peu près.

Madame DE VOLMARE.

En quoi donc me trompai-je, cousine ?

EMILIE.

Ce n'est pas un amant.

Madame DE VOLMARE.

Eh ! quoi ?

EMILIE.

C'est un mari.

Madame DE VOLMARE.

C'étoit un peu trop fort à deviner aussi.
Comment ! sans nul aveu, sans le dire à personne !

EMILIE.

Mon silence avec vous, vous blesse & vous étonne....

Madame DE VOLMARE.

Parlons de vos tourments ; vos torts viendront après.

EMILIE.

De mon premier mari les désordres secrets
De mon oncle jadis excitèrent la haine,
Liée à son destin j'en partageai la peine ;
Et bientôt l'infortune où me plongea sa mort,
Au loin, dans un Couvent, fixa long-temps mon sort.
Là, par tous les moyens qu'un vrai regret suggère,
Je cherchois, veuve & libre, à fléchir la colère
De l'homme, qui lui seul pouvoit calmer mes maux ;
L'amour dans mon désert m'en forgea de nouveaux,
Il m'offrit des mortels le plus vrai, le plus tendre......
Des feux que j'inspirais je ne pus me défendre ;
Mais, notre peu de biens, le besoin de l'aveu
D'un oncle, encore aigri contre un premier neveu,
Sur l'hymen qu'il m'offrit, soutinrent mon courage.
Enfin......

Madame DE VOLMARE.

L'Amour parla : je connais son langage.

EMILIE.

Au-delà de la Mer l'ordre du Souverain
Envoyoit tout son corps. Pour exiger ma main

Il me peint ses malheurs & sa crainte & sa flâme;
Tout l'orgueil dont ce titre échauffera son âme:
Envain, balbutiant quelques refus légers,
Je veux de ce projet lui montrer les dangers;
Ses pleurs......

Madame DE VOLMRRE.

Au fait, que peut la raison la meilleure,
Au moment d'un départ, contre un amant qui pleure?

EMILIE.

Oh! Vraiment la raison, elle était bien pour moi,
Mais l'amour était contre.

Madame DE VOLMARE.

Il reçut votre foi?

EMILIE.

Avec tout le secret que demandait ma crainte,
Et pour que rien alors n'y put porter atteinte,
Il sortit de l'Autel pour suivre ses drapeaux.

Madame DE VOLMARE.

Sans vous être revus.

EMILIE.

A peine ses vaisseaux
L'éloignaient de nos ports: pardonnant mes offenses
Vaincu par ses amis, le temps & mes instances
Mon oncle, près de lui, m'appelle; sous la loi
Qu'aucun hymen jamais n'engagera ma foi
Pour sauver les chagrins que le premier lui donne.

Madame DE VOLMARE.

Ah! la précaution était alors bien bonne.

EMILIE.

J'attendais : ce matin, une lettre m'instruit
Qu'en France, mon mari, par la paix reconduit,
Après quelques moments de séjour dans la terre
D'un parent riche & vieux, qui lui tient lieu de père,
Dans huit jours à Paris, doit-être de retour :
Mon oncle à ce moment y revient à son tour.
J'entrevois le bonheur; point du tout : pour l'année
Dans ce maudit château me voilà confinée,
Et tout espoir me fuit.

Madame DE VOLMARE.

Il n'est donc pas connu?

EMILIE.

Lui, son nom même ici n'est jamais parvenu.

Madame DE VOLMARE.

En ce cas, au plutôt cherchons à l'introduire.

EMILIE.

Je vous reconnais bien : trouvant sur tout à rire.

Madame DE VOLMARE.

Non, vraiment, je veux voir mon petit cousin, moi :
Il doit-être charmant.

EMILIE.

Vous me glacez d'effroi :
Vous voulez.....

Madame DE VOLMARE.

Quel obstacle ?

EMILIE.

Il en est d'invincibles.

Madame DE VOLMARE.

Pour une femme.

EMILIE.

Ah ! Ciel !

Madame DE VOLMARE.

Voilà nos gens sensibles
Forts pour faire une faute, & s'en désespérer,
Morts d'effroi, quand pour eux on veut la réparer.
Je veux qu'il vienne ici.

EMILIE.

Voyez ce qu'il m'en coûte.
Si mon oncle....

Madame DE VOLMARE.

Vraiment, c'est bien sans qu'il s'en doute.

EMILIE.

Comment ?

Madame DE VOLMARE.

Par ses amis : n'est-ce pas leur devoir ?

EMILIE.

Oh ! ils le voudront bien ?

Madame DE VOLMARE.

Nous leur ferons vouloir.
Voilà le nôtre à nous.

EMILIE.

Oui, Monsieur Permaville
Qui, né jaloux de tout & pour lui seul utile,
De mon oncle qu'il flatte & qu'il mène aujourd'hui,
Écarte ceux qu'il croit plus aimables que lui ;

Qui de ſon tendre amour m'offrit cent fois l'hommage,
Dès que vous le voudrez, avec ardeur je gage,
Viendra dans le château préſenter mon mari.

Madame DE VOLMARE.

Si je le voulais bien, cela ſeroit ainſi:
Mais le temps preſſe, il faut un moyen plus rapide.

EMILIE.

Prenez Monſieur Merval, mal adroit, intrépide,
Qui ſçait tout; qui fait tout, & fait toujours tout mal.

Madame DE VOLMARE.

Il agit, c'eſt aſſez, le reſte m'eſt égal.

EMILIE.

Bavard.

Madame DE VOLMARE.

Tant-mieux; il dit ce qu'on veut.

EMILIE.

Imbécille.

Vous-même.....

Madame DE VOLMARE.

Je l'ai dit; mais il peut-être utile.
Qu'importe? dans ce monde, avec tout homme, il faut
Eſtimer ce qu'il peut & jamais ce qu'il vaut.
Il vient; vous allez voir comme on traite une affaire.

EMILIE.

Madame de Volmare; ah! Ciel! qu'allez-vous faire?

Madame DE VOLMARE.

Votre bonheur, enfant.

(*Elle l'embraſſe.*)

SCENE II.

EMILIE, Madame DE VOLMARE, MERVAL.

MERVAL.

J'ARRIVE toujours bien.

Madame DE VOLMARE.

C'est ce que nous disions.

MERVAL.

J'étois de l'entretien.

Madame DE VOLMARE.

Nous parlions de vos soins ; sur tout, de votre adresse.

MERVAL.

Chez moi, c'est habitude.

Madame DE VOLMARE.

Ah ! ah !

MERVAL.

Dès ma jeunesse,
J'eus le goût d'être utile, & quand j'agis, d'abord
Je trouve le plus court & le mieux sans effort.
Aussi j'oblige avant qu'on le demande même :
Voilà pourquoi je vois que tout le monde m'aime.

EMILIE *à part.*

C'est bien voir.

Madame DE VOLMARE.

(*Bas à Emilie.*) (*A Merval.*)

Paix. Sur tout monsieur de Bessoncour.

MERVAL.

Oh! lui, sans me vanter, me doit quelque retour.
Dès qu'il veut quelque chose, à toute heure il me trouve.
Je ne me défends pas du plaisir que j'éprouve;
Il a le cœur si bon!

Madame DE VOLMARE.

L'esprit si doux!

MERVAL.

Charmant.
S'il se moque de moi, c'est toujours si gaîment.

Madame DE VOLMARE.

Fait en tout pour le monde.

MERVAL.

Ah! bien mieux que personne,
Opulent, comme il est.

Madame DE VOLMARE.

Aussi, ce qui m'étonne,
C'est qu'un Cercle choisi, je suppose par vous,
Animant sa gaîté, multipliant ses goûts,
De plaisirs plus nombreux n'occupe pas sa vie.
Le spectacle, à mon gré, le plus digne d'envie,
C'est un vieillard aimable & chez lui caressé.

MERVAL.

Ce que vous dites-là, je l'ai toujours pensé.
Mais dit-on quelque chose, aussi-tôt Permaville
Du sarcasme, avec vous, prend le rire & le stile;
Amenez-vous quelqu'un, il trouve à vos amis
Quelques défauts toujours pour n'être pas admis.

Pour peu qu'on ait d'esprit, sa rigueur est extrême;
C'est au point que j'ai craint quelquefois pour moi-même.

Madame DE VOLMARE.

Pour vous, Monsieur Merval! tout le monde aura peur.

MERVAL.

Il rend déjà votre oncle & farouche & grondeur.
Bientôt tout souffrira de son humeur chagrine.

Madame DE VOLMARE.

Voit-on mieux que Monsieur? Vous trompais-je, cousine?

MERVAL.

Il serait un moyen pour nous en garantir,
Si l'aimable Emilie y voulait consentir.

Madame DE VOLMARE.

D'avoir recours à vous elle avait bien envie;
Mais elle est si timide.

EMILIE.

Achevez, je vous prie;
Que puis-je à tout ceci?

MERVAL.

Quand on est comme vous,
Qu'on a le cœur sensible & des regards si doux,
L'ennui d'un long veuvage est lourd pour une femme.

EMILIE.

Que veut-il?

Madame DE VOLMARE.

Mais je crois qu'il a lu dans notre ame.

MERVAL.

MERVAL.

Oh ! je vois juste.

Madame DE VOLMARE.

Eh bien ?

MERVAL.

En prenant un mari,
De vous & de votre oncle également chéri,
Vous reprenez l'empire ici.

Madame DE VOLMARE.

C'est admirable !
Un mari !

MERVAL.

N'est-ce pas ? Il faut qu'il soit aimable,
Sur-tout vous aimant bien. N'en connaissez-vous pas ?

EMILIE.

Mais j'entrevois encor de bien grands embarras.

Madame DE VOLMARE.

Avec lui ? Vous voyez qu'il les fait disparaître.

MERVAL.

Tout d'un coup.

EMILIE.

Je sens bien, si cela pouvait être...

MERVAL.

Pouvait ! Epousez-moi, je vous réponds de tout.

EMILIE.

Comment !

Madame DE VOLMARE.

Je n'entends pas.

MERVAL.

L'oncle a pour moi du goût.

Pour elle dès long-temps j'ai l'amour le plus tendre.

Madame DE VOLMARE.

Ah! oui. Vous commencez à vous faire comprendre.

MERVAL.

Je l'épouse, & tous deux ramenant les plaisirs,
Exécutons le plan que traçaient vos desirs.

Madame DE VOLMARE.

En y changeant pourtant quelque petite chose.

MERVAL.

Qu'à son gré librement de tout elle dispose.

EMILIE, *bas à Madame de Volmare.*

Cousine, vous avez joliment réussi.

MERVAL.

Mais pourquoi réfléchir? Vous vouliez rendre ici
Tout le monde content; vous en voilà Maîtresse.

Madame DE VOLMARE.

Oh! c'est que nous songions à la défense expresse
Que mon oncle nous fit de suivre un autre choix.

MERVAL.

De peur qu'un étourdi ne vînt comme autrefois
Porter dans sa maison & le trouble & l'orage;
Mais, quand il apprendra que c'est un homme sage,
Qui fait tout ce qu'on veut, d'un esprit... enfin moi,
Il en sera charmé comme vous.

Madame DE VOLMARE.

Je le croi.

MERVAL.

D'ailleurs, puisque c'est-là la peur qui vous agite,
De la faire cesser occupons-nous bien vîte.

EMILIE.

Quoi donc encor ?

MERVAL.

Je vais le trouver ; finement
Je le pressentirai sur notre arrangement.

EMILIE.

Eh, non ; c'est trop de soin.

MERVAL.

Je n'en saurais trop prendre.
Parbleu, je sens très-bien que c'est à moi de rendre
Notre projet facile, & j'y cours de ce pas.
Vous me connaissez bien ; ne vous tourmentez pas.
De ce que j'aurai fait je viendrai vous instruire.

SCENE III.

EMILIE, Madame DE VOLMARE.

Madame DE VOLMARE, *riant.*

FORT bien.

EMILIE.

Vous en riez.

Madame DE VOLMARE.

Dequoi pourra-t-on rire?

EMILIE.

Prenez-le donc encor pour servir mon mari.

Madame DE VOLMARE.

Mais est-on comme vous ? Deux hommes sont ici,
Vous leur tournez la tête.

EMILIE.

Et vous, est-ce sagesse
De souffrir qu'à mon oncle un indiscret s'adresse ?

Madame DE VOLMARE.

Bon ! n'avez-vous pas peur ? Pour le perdre aujourd'hui,
A qui pouvions-nous mieux nous adresser qu'à lui ?
Puis à ce mot d'hymen, fâcheux dans notre bouche,
Il accoutumera son oreille farouche.
C'est toujours un pas fait ; de ce premier effort
Nous aurons le profit, quand il aura le tort.

EMILIE.

Oui, vous avez toujours une manière heureuse
De voir tout.

Madame DE VOLMARE.

Comme vous, une triste & fâcheuse,
Et tout n'en va pas moins.

EMILIE.

Mais j'entends approcher.
Quelqu'un.

Madame DE VOLMARE.

C'est un Valet; il a l'air de chercher.

EMILIE.

Je ne le connais pas.

SCENE IV.

EMILIE, WILLIAMS *en Jocquey Anglois*, Madame DE VOLMARE.

Madame DE VOLMARE.

QUE voulez-vous?

WILLIAMS.

Un tame.

Madame DE VOLMARE.

Eh! bien, en voilà deux.

WILLIAMS.

Jé vois; mais sur mon ame,
Vous mettez diablement du trouble en mon esprit.
Celle que je viens pour, l'être, à ce qu'on m'a dit,
Avec des yeux bien beaux, une mine jolie.
A laquelle de vous m'adresser, je vous prie!

EMILIE.

Comment ! Il est galant.

Madame DE VOLMARE.

Mais, enfin, dites nous
Son nom ?

WILLIAMS.

C'est Hémilie.

Madame DE VOLMARE.

Ah ! Cousine, c'est vous.

EMILIE.

Eh bien, que voulez-vous ?

WILLIAMS.

Matame, c'est un lettre,
Que mon maître à vous-même il m'a dit dé rémettre.

EMILIE.

Quel est-il ?

VILLIAMS.

Moi, sur tout défendu de nommer.
Lé lettre, il le dira.

(*Emilie prend la lettre & se trouble.*)

Madame DE VOLMARE. (1)

Qui peut vous allarmer ?

EMILIE.

Ah ! C'est de mon mari ! qu'est-ce donc qu'il m'annonce ?

Madame DE VOLMARE.

Lisez vite.

WILLIAMS.

Monsieur, il voudroit lé réponse.

---

(1) Emilie, Madame de Volmare, Williams.

EMILIE.

Je vous la remettrai dans un petit moment.

WILLIAMS.

Ce Monsieur il attend fort mal patiemment.

EMILIE.

Ah ! ma cousine !

Madame DE VOLMARE.

Eh bien ?

EMILIE.

Jugez de ma tristesse....

(*Elle lit.*)

» Ma chère Emilie, n'ayant pas trouvé le parent que
» je comptais voir dans sa terre, je m'achemine vers Paris;
» me voilà au bout de l'avenue du château que vous habi-
» tez : ma prudence m'y retient : & je dépêche mon pos-
» tillon, qui est un homme sûr & adroit pour vous en in-
» former. S'il étoit possible...... mes vœux sont peut-être
» insensés ; mais songez que depuis un an je suis séparé de
» vous, & qu'on n'aima jamais comme j'aime ma chère &
» tendre Emilie. »

Il est à cinq cent pas.

Madame DE VOLMARE.

Et nous avons sans cesse
Des amis pour nous suivre, & des yeux pour nous voir.
Vous vous perdez.

EMILIE.

Je vais le mettre au désespoir.

Madame DE VOLMARE.

Calmez-le en écrivant. Sur tout ſoyez bien tendre,
Cela trompe les maux. On pourrait nous ſurprendre :
Allez, je vais ici garder le poſtillon :
Si l'on vient, c'eſt pour moi qu'il eſt dans la maiſon.

EMILIE *en s'en allant.*

Ciel ! ne pouvoir qu'écrire !

SCENE V.

Madame DE VOLMARE, WILLIAMS.

Madame DE VOLMARE.

APRÈS un an d'abſence
Un époux...... un amant..... à ſi peu de diſtance ;
Et reſter ſans le voir..... Ah ! c'eſt un peu fâcheux.....
Mais, qui s'oppoſerait ?..... Ils ſe verroient bien mieux....
Le moyen eſt hardi..... l'idée en eſt bouſonne....
Et tant mieux, les ſoupçons n'en viendront à perſonne.....
Écoute, mon ami.

WILLIAMS.

Quoi ?

Madame DE VOLMARE.

Ton Maître eſt reſté
Là-haut dans ſa voiture ?

WILLIAMS.

Oh ! point : il s'eſt jetté

En arrivant dehors, puis grimpé lé montagne,
D'où mé montrer de loin cé maison dé campagne;
Là marcher beaucoup fort & de gauche & de droit.

Madame DE VOLMARE.

C'est toi qui le mène?

WILLIAMS.

Yes.

Madame DE VOLMARE.

On te dit fort adroit.

WILLIAMS.

Dans les plus forts chemins, moi courir comme un tiaple.

Madame DE VOLMARE.

As-tu jamais versé?

WILLIAMS.

Moi, Montame, incapable.

Madame DE VOLMARE.

Tant pis. Adroitement, sans qu'on soupçonne rien,
Il faudrait renverser ta voiture, mais bien.

WILLIAMS.

Mon voiture adret'ment?

Madame DE VOLMARE.

Oui.

WILLIAMS.

Montame, il veut rire.

Madame DE VOLMARE.

Non, non.

WILLIAMS.

N'entendre pas ce qu'Matame il veut dire.

Madame DE VOLMARE, *tirant sa bourse.*

Je vais m'expliquer mieux. Tiens, ces vingt-cinq louis
Sont à toi, si tu fais tout ce que je te dis.

WILLIAMS.

Que Matame il répète, & je comprends, je pense.

Madame DE VOLMARE.

Tu vas rendre à ton Maître en toute diligence
La lettre qu'il attend; & très-certainement
Il sera, de la lire, occupé seulement.
Tourmente tes chevaux, mène-les de manière
Qu'il vienne un accident qui jette tout par terre.
Sois plus adroit encor, brise une roue, enfin
Fais qu'il ne puisse plus poursuivre son chemin.
Tu le peux.

WILLIAMS.

Fort beaucoup; mais sait-il ça, mon Maître?

Madame DE VOLMARE.

Qu'il ne s'en doute pas.

WILLIAMS.

Il mé pattra.

Madame DE VOLMARE.

Peut-être
Même il le faudrait.

WILLIAMS.

Point.

Madame DE VOLMARE.

Crois qu'il s'appaisera,
Et que lui-même après te récompensera.

WILLIAMS.

Lui, mé récompenser aussi ?

Madame DE VOLMARE.

Je te l'assure.

Enfin, veux-tu ma bourse ?

WILLIAMS.

En jettant sa voiture ?

Madame DE VOLMARE.

Oui.

WILLIAMS.

Brisant sa roue ?

Madame DE VOLMARE.

Oui.

WILLIAMS.

Mon Maître il s'ra content ?

Et les vingt-cinq louis sont à moi, dans l'instant,
Vous dites, n'est-ce pas ?

Madame DE VOLMARE.

Oui. Tu sais bien m'entendre.

WILLIAMS.

Jé n'vois pas cé qui peut m'empêcher de les prendre.

Madame DE VOLMARE, *lui donnant la bourse.*

Je compte donc sur toi ?

WILLIAMS, *tendant l'autre main.*

Pendant que vous cassez,
La roue y l'être deux.

Madame DE VOLMARE.

Oh ! une, c'est assez.

WILLIAMS.

Matame, il n'a qu'à tire.

Madame DE VOLMARE.

A ce que je te donne
J'ajoute une autre loi; c'eſt que jamais perſonne
Ne ſaura que cela vient de moi.

WILLIAMS.

Tout le mal,
N'ayez pas peur, Matame, il viendra d'la cheval.
C'eſt nous autres com'ça, qui nous féſons ſans ceſſe.

Madame DE VOLMARE.

Ton Maître avoit raiſon de vanter ton adreſſe:
Mais la lettre eſt écrite, on vient te l'apporter.
Sois exact & diſcret.

WILLIAMS.

Matame il peut compter.

SCENE VI.

Madame DE VOLMARE, EMILIE, WILLIAMS.

EMILIE, *à Williams, en lui donnant la lettre.*

TIENS, rends cela.

WILLIAMS.

Je vole où Matame il commande.

EMILIE.

Ajoute, mon ami, que je lui recommande
De se bien ménager; & toi qui le conduis,
Apporte à le servir les soins les plus suivis;
Ton zèle, sois-en sûr, aura sa récompense.

Madame DE VOLMARE.

Elle a raison: pour lui redouble de prudence;
Prends bien garde qu'il soit hors de tout accident.

WILLIAMS.

Matame, je férai que chacun est content.

(Williams sort.)

SCENE VII.

Madame DE VOLMARE, EMILIE.

EMILIE.

QUELLE lettre !

Madame DE VOLMARE.

Peut-être, après l'avoir finie,
Aura-t-il le plaisir le plus doux de sa vie.

EMILIE.

Oui, d'ignorer l'instant qui doit nous réunir.

Madame DE VOLMARE.

Il viendra.

EMILIE.

Parlez-moi toujours de l'avenir.

Madame DE VOLMARE.

C'est qu'il est ce qu'on veut, & qu'il rend tout possible.
Voyez-y le moment, où ce mari sensible
S'offre à vos yeux tremblant de surprise & d'amour.
Et vous ?...

EMILIE.

Pour augmenter mes ennuis en ce jour,
Des plaisirs que je perds augmentez donc les charmes,
Cruelle !

Madame DE VOLMARE, *riant.*

Quel bonheur vous promettent ces larmes !

EMILIE.

Mon désespoir vous plaît : je ne puis concevoir...

Madame DE VOLMARE.

Merval revient.

EMILIE.

Je fuis.

Madame DE VOLMARE.

Je vais le recevoir.

(*Emilie sort.*)

SCENE VIII.

Madame DE VOLMARE, *seule*.

VOUS êtes personnel, quand il faut être utile.
Ah ! non, Monsieur Merval... Je vous rendrai docile.
Les armes de l'esprit sont les défauts d'un sot.

SCENE IX.

Madame DE VOLMARE, MERVAL.

MERVAL.

Je viens d'agir, Madame; &, dès le premier mot,
Bessoncour souriant prenait très-bien la chose.
Permaville qu'il craint, & que tout indispose,
S'est mis entre nous deux, a voulu tout savoir.
Il n'en a pas ri, lui; car mon plan, mon espoir,
Il a tranché sur tout avec une amertume....
Savez-vous sur l'humeur qui toujours le consume
Ce que je pense, moi? C'est que notre fâcheux
Pourrait de la cousine être fort amoureux.

Madame DE VOLMARE.

Vous êtes à le voir?

MERVAL.

La chose est donc certaine?

Madame DE VOLMARE.

Pour preuve, il n'en faudrait qu'une pareille scène.

MERVAL.

Là, je ne m'y suis pas trompé: mais en tout cas,
Je lui pardonne fort; car je ne le crains pas.
Prenant alors un ton de raison, de sagesse,
Votre oncle a demandé si dans ceci sa nièce

Était

Était pour quelque chose ; & moi, j'ai répondu
Que cet hymen était entre nous convenu.
J'ai bien fait ?

Madame DE VOLMARE.

Comme en tout.

MERVAL.

Car j'ai, par cette adreſſe,
Si bien ſur notre compte éveillé ſa tendreſſe
Qu'il doit ſe rendre ici pour l'en entretenir :
Mais je ne la vois point, il faut la prévenir.

Madame DE VOLMARE.

Elle vient de ſortir.

MERVAL.

Son abſence eſt cruelle ;
Voilà l'affaire en train, & la fin dépend d'elle.

Madame DE VOLMARE.

Oui, de l'aller chercher il faudroit prendre ſoin.

MERVAL.

Si je ſçavais où c'eſt......

Madame DE VOLMARE.

Elle n'eſt pas bien loin.

MERVAL.

Dites-le-moi, j'y cours.

Madame DE VOLMARE.

Votre adreſſe eſt connue
Et fonde mon eſpoir. Allez dans l'avenue

MERVAL.

Bien avant?

Madame DE VOLMARE.

Tout au bout.

MERVAL.

Cela suffit : j'y vais.

Madame DE VOLMARE.

N'allez pas vous tromper.

MERVAL.

Me trompai-je jamais?

Madame DE VOLMARE.

Cherchez, vous trouverez.

MERVAL.

Bientôt je vous l'amène.

Madame DE VOLMARE.

Et vous nous tirerez d'une bien grande peine.
Voyez jusqu'au chemin.

MERVAL.

Oh! je l'aurai.

Madame DE VOLMARE.

J'entends
Monsieur de Bessoncour, ne perdez pas de tems.

MERVAL.

Cela rend sa présence encor plus nécessaire
Gardez-le ici jusqu'à.....

Madame DE VOLMAR.

Bon! vous n'aviez que faire
De me le dire..... Oui, cours...... Ah! encore un moment,
Mon aimable Emilie, & ton cœur est content.

SCENE X.

PERMAVILLE, M. DE BESSONCOUR, Madame DE VOLMARE.

M. DE BESSONCOUR.

CELA commence t-il ? de demandes pareilles
Va-t-on incessamment m'étourdir les oreilles ?
J'avais bien défendu qu'il en fût jamais rien.

PERMAVILLE.

Ils sont tout deux d'accord !

M. DE BESSONCOUR.

Je l'empêcherai bien.

Madame DE VOLMARE.

Quelque chose, mon oncle, aujourd'hui vous chagrine ?

M. DE BESSONCOUR.

J'ai cru dans le salon trouver votre cousine.

Madame DE VOLMARE.

Elle vient de passer dans son appartement.

M. DE BESSONCOUR.

Je voudrais lui parler, dites-lui promptement.

Madame DE VOLMARE.

Vous êtes si fâché.

M. DE BESSONCOUR.

C'est égal, qu'elle vienne.

SCENE XI.

PERMAVILLE, M. DE BESSONCOUR.

M. DE BESSONCOUR.

EN m'isolant, j'ai crû me sauver cette scène.
Il faut que ce Merval vienne ici m'alarmer.

PERMAVILLE.

Mais, vraiment, vous croyez qu'elle pourroit l'aimer?

M. DE BESSONCOUR.

Non pas; mais l'épouser: & par ses défauts même
Acquérir aisément ce que toute femme aime.
L'entière indépendance & le plus grand pouvoir.

PERMAVILLE.

Il est sûr que bientôt Merval vous ferait voir
Cet essain d'importuns que Paris voit renaître.

M. DE BESSONCOUR.

Et tous ceux de la Cour ou qui feignent d'en être;
Qui pour singer les Grands gâtent tout ce qu'ils font;
Sçavent tout à vingt-ans, hors les dettes qu'ils ont;
Et dans l'oisiveté qui retrécit leur ames,
S'établissent un nom sur les pleurs de vingt femmes;
Regardent les parents, les oncles, les maris,
Comme des Trésoriers dont l'or fait tout le prix.
Qu'entendrai-je chez moi? Le babil incommode
D'hommes parlant chevaux, de femmes causant mode:

De cinquante étourdis, nommés gens comme il faut,
Qui s'assemblent bien tard pour se quitter bientôt,
Et jugeant par le jeu si la maison est bonne,
Se moquent au souper du maître qui le donne.
Je crains trop cet ennui, c'est le plus cher de tous.

PERMAVILLE.

Et c'est le retrouver qu'unir Merval à vous.
Car enfin, à l'amour que mérite Emilie,
S'il joignoit ces projets que la raison allie,
S'il voyoit dans ces nœuds un titre heureux & doux,
Qui met un ami tendre, encor plus près de vous,
Et qui, multipliant ses moyens de vous plaire,
Assure à vos vieux jours un appui nécessaire;
S'il savait vous créer, en comblant ses desirs,
De nouveaux sentimens & de nouveaux plaisirs,
Riche & sans héritiers, avec un cœur sensible,
Ne pas y consentir, vous serait bien pénible.

M. DE BESSONCOUR.

Je ne le sais que trop : & c'est précisément
Parce que je suis bon, que je fais le méchant.
Faible, comme je suis, si je prends cette entrave,
D'abord je serai maître & puis bientôt esclave.
Eh! jamais ai-je su me défendre long-tems?
Ma nièce & son mari m'ont désolé deux ans:
J'ai juré de la fuir dans ma colère extrême,
Eh, bien! elle est chez moi : ce seroit tout de même.
Pour prévenir l'attaque & parer ce malheur,
Il faut crier bien haut; cela peut faire peur.
Vous souriez!....

PERMAVILLE.

J'entends.

M. DE BESSONCOUR.

Je vois venir ma nièce.
Je vais faire un beau train.

SCENE XII.

PERMAVILLE, M. DE BESSONCOUR, EMILIE, Madame DE VOLMARE.

M. DE BESSONCOUR.

MALGRÉ votre promesse
Vous êtes donc déjà lasse d'être avec moi,
Madame ? eh bien, partez.

EMILIE.

Moi, mon oncle ; & pourquoi ?

M. DE BESSONCOUR.

Pourquoi ! malgré la loi que j'avais prononcée,
Oubliant mes bienfaits & sa peine passée,
Voilà d'un autre choix votre cœur occupé ?.....

Madame DE VOLMARE.

Elle ! d'un autre choix ! On vous a bien trompé.

EMILIE.

Mon oncle, vous aimer, vous consacrer ma vie,
Rester ce que je suis, voilà ma seule envie.

M. DE BESSONCOUR.

Qu'est-ce donc que Merval à l'instant m'a conté ?

Madame DE VOLMARE.

Tout ce qu'il a voulu.

PERMAVILLE.

Je m'en étois douté.

Seroit-il digne, lui, d'un cœur comme le vôtre?

EMILIE.

Je ne veux épouser ni Merval ni tout autre.

M. DE BESSONCOUR.

Parlez-lui donc bien net : car, rempli d'un beau feu,
Il s'est à moi tantôt vanté de votre aveu.
Vous voyez la colère où ce soupçon me jette;
Je vous l'ai toujours dit & je vous le répète,
N'allez pas là-dessus faire le moindre essai;
Car, dès le premier mot, je vous parle très vrai;
Je vous tiens ma parole & de vous me sépare.

EMILIE, *à madame de Volmare.*

Voilà de beaux succès que Merval nous prépare!
Il est plus animé sur ce point que jamais.

Madame DE VOLMARE, *bas à Emilie.*

Ne blâmons point les gens qu'il faut louer après.

M. DE BESSONCOUR.

Si vous me préférez un homme qui vous aime,
Libre à vous, vous pouvez disposer de vous-même.
Mais pour l'avoir ici je n'entends pas raison;
Et votre époux & moi dans la même maison,
Jamais, j'en jure bien, nous ne ferons ensemble.

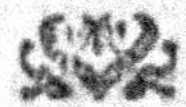

SCENE XIII.

PERMAVILLE, MERVAL, le Chevalier DISTELLE, M. DE BESSONCOUR, EMILIE, Madame DE VOLMARE.

MERVAL, *amenant le Chevalier & lui montrant monsieur de Bessoncour.*

Le voilà.

EMILIE, *à part.*

C'est lui ! Ciel !

Madame DE VOLMARE, *bas à Emilie.*

Du courage.

LE CHEVALIER, *à part.*

Je tremble.

MERVAL.

Mon ami, vous voyez un fort brave garçon
Dont j'ai connu jadis le père en garnison ;
Que j'ai trouvé là haut dans la plus grande peine.

EMILIE.

Quoi !

Madame DE VOLMARE.

Paix.

PERMAVILLE.

Il a toujours quelqu'un qu'il nous amène.

M. DE BESSONCOUR.

Mais en effet, Monsieur, me parait fort ému.

MERVAL.

C'est qu'il est inoui qu'il ne soit pas moulu.
Sa roue est en éclats, sa voiture en canelle.

EMILIE.

Ah! Dieu!

PERMAVILLE.

C'est singulier, cette route est si belle!

LE CHEVALIER.

De l'indiscrétion que je commets ici
L'excuse est mon malheur, Monsieur, & votre ami.

MERVAL.

D'abord il refusoit constamment de me suivre;
Mais on n'a point là-haut de quoi coucher ni vivre;
Je l'ai bien assuré qu'il trouverait chez vous
Les secours les plus prompts & l'accueil le plus doux.

M. DE BESSONCOUR.

Oui, Monsieur, & c'est moi dans cette circonstance
Qui dois à mon ami de la reconnoissance.

EMILIE.

Monsieur n'est pas pas blessé ?

MERVAL.

Non, sans doute, il n'a rien
C'est-là, premièrement, comme vous croyez bien,
Ce que j'ai demandé.

LE CHEVALIER.

Lors de mon aventure
J'étois à lire à pied, fort loin de ma voiture.

PERMAVILLE.

L'accident eſt étrange autant qu'il eſt heureux.

MERVAL.

On l'auroit fait exprès, qu'on n'aurait pas fait mieux,
Parbleu, ſi quelque jour je veux briſer la mienne,
Je vous demanderai le Jôcquey qui vous mène,
Il s'en acquitte bien.

LE CHEVALIER.

Oui; c'eſt un étourdi.

EMILIE.

Il faut lui pardonner.

Madame DE VOLMARE.

Nous tâcherons ici
De vous faire oublier toute ſa mal-adreſſe.

LE CHEVALIER.

Quelle ſeroit l'humeur qui dans ces lieux ne ceſſe ?
D'après ce que j'éprouve & tout ce que je vois,
C'eſt une récompenſe à préſent que je dois.

MERVAL.

Il eſt aimable, au moins.

PERMAVILLE.

Mais, de Monſieur, ſans doute,
Les gens & les chevaux ſont encor ſur la route.

M. DE BESSONCOUR.

Il ſaudroit y ſonger.

PERMAVILLE, *du ton le plus poli.*

Et tâcher que demain,
Monſieur fût en état de ſuivre ſon chemin.

MERVAL.

Est-il pressé ?

LE CHEVALIER.

Mais, non.

M. DE BESSONCOUR.

Je vais voir qu'on assemble
Mes gens : & suivez-moi ; nous irons tous ensemble.

LE CHEVALIER.

Mais....

MERVAL.

Je vais avec vous, ce sera bientôt fait.

PERMAVILLE, *en s'en allant.*

Notre étranger m'a l'air bien jeune & bien distrait.

SCENE XIV.

EMILIE, Madame DE VOLMARE.

Madame DE VOLMARE.

MERVAL a-t-il toujours tant de torts que vous dites ?..

EMILIE.

Vraiment de ses hazards faites-lui des mérites.

Madame DE VOLMARE, *riant.*

Ah ! des hazards pareils, il en a quand on veut.

EMILIE.

Ah ! méchante ! c'est vous....

Madame DE VOLMARE.

Vous voyez ce que peut
Un sot bien employé, sur-tout par une femme.

EMILIE.

Qui vous résisterait ? Tant d'esprit & tant d'ame!
Mais n'avez-vous pas vu ? Permaville inquiet
Nous dévorait des yeux, & soupçonne un secret;
Il va, si nous restons, le croire davantage.

Madame DE VOLMARE, *riant.*

Si nous les rejoignions, cela serait plus sage,
N'est-ce pas?

EMILIE.

Mais...

Madame DE VOLMARE.

Eh bien?

EMILIE.

Je crains de me trahir.

Madame DE VOLMARE.

Moi, je songe au danger; ne songez qu'au plaisir.

Fin du premier Acte.

ACTE II.

SCENE PREMIERE.

LE CHEVALIER, Madame DE VOLMARE.

Madame DE VOLMARE.

AH! Monsieur mon cousin, nous aurons du tapage.

LE CHEVALIER.

N'ai-je donc pas été bien tranquille & bien sage?

Madame DE VOLMARE.

Comme un amant heureux.

LE CHEVALIER.

Quelle méchanceté!
J'ai de moi-même été surpris....

Madame DE VOLMARE.

En vérité!
Cet effort nous promet une belle prudence.

LE CHEVALIER.

N'ai-je pas à Merval parlé reconnaissance;
A votre oncle, respects; à son ami, combats?
De tout le monde, enfin, ne m'occupais-je pas
Si ce n'est de ma femme?

Madame DE VOLMARE.

Oh ! oui, fur qui fans ceffe
Vos regards fe portaient avec une tendreffe
Plus bête.

LE CHEVALIER.

Eh bien ! voyez ; au filence réduit,
J'ai mis dans mes regards tout ce que j'ai d'efprit.

Madame DE VOLMARE.

Deux ou trois fois encore ayez par aventure
De cet efprit, coufin ; & bientôt, je vous jure,
Et votre femme & vous, vous ferez loin d'ici.

LE CHEVALIER.

Il faut donc n'y rien dire & n'y rien voir auffi ?

Madame DE VOLMARE.

Il faut voir les dangers, & fans humeur attendre
Ma coufine, qui feule au Salon doit fe rendre.

LE CHEVALIER.

Il fallait commencer par là votre leçon....
Je la verrai. Dieux !... Seule !...

Madame DE VOLMARE.

Étourdi ! la raifon....

LE CHEVALIER.

J'en ai depuis un an.

Madame DE VOLMARE.

En un jour, indocile,
Perdez-en donc le fruit.

LE CHEVALIER.

Non, l'espoir rend tranquille.
L'amour qu'on tyrannise est souvent mal-à-droit:
Mais mon bonheur est sûr; comptez sur mon sang-froid.

Madame DE VOLMARE.

Il est peint dans vos yeux, vos discours, votre geste;
En pourrais-je douter? Restez là.

LE CHEVALIER.

Que je reste!
Là! seul, long-temps encor!

Madame DE VOLMARE.

Mais elle va venir.
Si cela vous plaît mieux, vous pouvez en sortir.

LE CHEVALIER.

Allons, vous le voulez; m'en faut-il davantage?
Je reste, & ne dis mot.

Madame DE VOLMARE.

Vous devenez trop sage.

LE CHEVALIER.

Vous voyez?...

Madame DE VOLMARE.

Oui, je vois comment je dois agir.

SCENE II.

LE CHEVALIER, *seul.*

Bon! elle rit de moi. D'honneur, c'est un plaisir
De voir ces gens sensés, qui, dans leur paix profonde,
Prennent leur cœur pour règle, & jugent tout le monde.
On est sûr avec eux d'avoir toujours des torts.
Oh! que je voudrais bien voir tous ces esprits-forts
Pris d'une passion bien conditionnée,
Par la peine & l'absence encore aiguillonnée,
Et les entendre alors.... Quelqu'un vient.... C'est Merval.
Un importun déjà: ne me voilà pas mal.

SCENE III.

LE CHEVALIER, MERVAL.

MERVAL.

Ah ! c'est vous ! Chevalier. Seul ?

LE CHEVALIER.

Je sais me suffire.

MERVAL.

Tant mieux, nous causerons ; j'en ai long à vous dire.

LE CHEVALIER, *à part.*

(*Haut.*)

Ah ! me voilà perdu. Dans un autre moment,
Je vous écouterais avec empressement :
Mais c'est que j'attendais....

MERVAL.

Eh bien ! c'est à merveille,
Je viens attendre aussi quelqu'un sur qui je veille :
Nous pouvons être ensemble, & c'est nous arranger.

LE CHEVALIER, *feignant de s'en aller.*

Je vais....

MERVAL.

Si vous sortez, vous pouvez m'obliger.

LE CHEVALIER, *à part.*

Quel homme ! pour le fuir, on ne sait quel tour prendre.

MERVAL.

Ce monde est un échange, & tout est de s'entendre :
Tantôt dans vos malheurs je vous ai bien servi.

LE CHEVALIER.

Mieux que je n'espérais.

MERVAL.

Servez-moi donc aussi.

LE CHEVALIER.

Oh ! mon Dieu, dans l'instant : parlez, dites-moi vîte ;
Je vole.....

MERVAL.

Quelle ardeur !.....

LE CHEVALIER.

Oh ! c'est pour être quitte.

MERVAL

Trop bon : mais calmez-vous, & restons-là nous deux.
Car sans nous déplacer vous m'obligerez mieux.

LE CHEVALIER, *à part.*

Ciel !

MERVAL.

Votre œil attentif observait Emilie.

LE CHEVALIER, *à part.*

Où veut-il en venir ?

MERVAL.

Vous la trouvez jolie ?

LE CHEVALIER.

Sa cousine a l'œil vif & le sourire fin.

MERVAL.

Mais son air de bonté cache un esprit malin.
Bien fou qui s'y fieroit. Egale, douce & bonne
Sans efforts Emilie à son cœur s'abandonne.
Sa cousine fait rire : elle, il faut l'adorer.
Ne le trouvez-vous pas ?

LE CHEVALIER, *à part.*

Veut-il me pénétrer ?

MERVAL.

A quoi rêvez vous donc ?

LE CHEVALIER.

Je n'ai parlé qu'à l'autre.

MERVAL.

Emilie a toujours l'esprit qu'il faut au vôtre.

LE CHEVALIER.

Vraiment, vous en parlez avec une chaleur.....

MERVAL.

Telle qu'elle l'inspire & qu'elle est dans mon cœur.

LE CHEVALIER.

Vous l'aimez ?

MERVAL.

Comme un fou. Mon aveu vous étonne ?
Mon amitié.....

LE CHEVALIER.

Je sens la preuve qu'il m'en donne.

MERVAL.

Aussi j'attends vos soins.

LE CHEVALIER.

Sur ce point là ?

MERVAL.

Beaucoup.

Vous voyez bien qu'il faut que je vous dise tout.

LE CHEVALIER.

Si quelqu'un a des droits à cette confidence,
Je puis vous assurer que c'est moi.

MERVAL.

Je le pense.

LE CHEVALIER.

Sans doute. Et vos amours, comment vont-ils ?

MERVAL.

Fort bien.

LE CHEVALIER.

Bien !

MERVAL.

Tout est entre nous d'accord ; je lui conviens.

LE CHEVALIER.

D'accord ! C'est fort heureux.

MERVAL.

Vous en voyez ma joie.

LE CHEVALIER.

Vous pouvez donc y croire ?

MERVAL

Il faut bien que j'y croie ;
Car je vais l'épouser.

LE CHEVALIER.

Vous allez l'épouser ?
Ah ! ce mot là suffit pour me tranquiliser.

MERVAL.

Il est bien quelqu'obstacle.

LE CHEVALIER.

Oui, cela pourrait être.

MERVAL.

Mais faible, & que bientôt j'aurai fait disparoître.

LE CHEVALIER.

Ce sera bien à vous.

MERVAL.

C'est le consentement
De l'oncle. Avec le tems je l'aurai sûrement :
Il m'aime tout-à-fait.

LE CHEVALIER.

Je le conçois sans peine.

MERVAL.

Pour terminer l'affaire & la rendre certaine,
Elle m'avait tantôt vers son oncle envoyé :
Il m'a souri d'abord ; mais il m'a rudoyé
Tout-à-l'heure en rentrant, d'une forte manière.
Je viens voir quels efforts à nous deux il faut faire.

LE CHEVALIER.

C'est au mieux.

MERVAL.

Vous voyez qu'il faut absolument
Que je lui parle seul, & cela promptement.

LE CHEVALIER.

Oui,

MERVAL.

Pour qui que ce ſoit ne s'ouvre cette porte :
Mais je me fixe ici, juſqu'à ce qu'elle ſorte,
Et j'attrape au paſſage un moment d'entretien.

LE CHEVALIER.

Moi, je m'en irai donc ?

MERVAL.

Vraiment, j'y compte bien,
Vous êtes mon ami. Mais ce qui me chifonne,
C'eſt monſieur Permaville & ſa triſte perſonne,
Que l'on trouve par tout, & qui toujours, toujours
Étourdit Emilie avec ſes plats amours.

LE CHEVALIER.

Quoi ! Permaville auſſi l'aime ?

MERVAL.

L'aime à la rage.

LE CHEVALIER, *à part.*

Et de deux.

MERVAL.

Son amour eſt comme lui, ſauvage,
Humoriſte, grondeur, & jaloux à tel point
Qu'il eſt ſans ceſſe au guet & ne vous quitte point.
Vous ne pouvez jamais ou rien dire ou rien faire,
Que mon fâcheux n'arrive, alors il faut ſe taire.

LE CHEVALIER.

Un fâcheux, c'eſt gênant.

MERVAL.

Je vous laisse à penser :
Aussi j'espère en vous pour m'en débarrasser.

LE CHEVALIER.

Ce sont donc là les soins qu'il faut que je vous rende !

MERVAL.

Amusez l'importun.

LE CHEVALIER.

Moi !

MERVAL.

Je ne vous demande
Qu'un seul petit quart-d'heure.

LE CHEVALIER.

Ah ! j'entens, dans ces lieux ;
Tandis que librement s'épancheront vos feux,
Pour servir votre amour & vous laisser près d'elle,
Dehors, tranquillement, je ferai sentinelle ?
Il est gai.

MERVAL.

C'est aisé.

LE CHEVALIER.

Pas pour moi : car, vraiment,
Si pour m'en délivrer j'avais quelque talent,
Dès long-temps, croyez moi, j'en aurais fait usage.

MERVAL.

On les fait promener, on parle argent, voyage.....
Eh ! bien ; ne vient-il pas ! je vous l'avais bien dit.
Vous savez où j'en suis, vous avez de l'esprit :

Quand ici vous verrez arriver Emilie,
Emmenez-le dehors.

LE CHEVALIER, *d'un ton d'ironie & d'impatience.*

Oui.

MERVAL.

Je vous remercie.

LE CHEVALIER, *à part.*

Au lieu d'un, maintenant j'en ai deux contre moi.

SCENE IV.

LE CHEVALIER, MERVAL, PERMAVILLE.

PERMAVILLE, *dans le fond du théâtre.*

DÉCIDONS Emilie...... Ah ! qu'est-ce que je voi ?.....
Ils étaient à causer ; un peu de patience.
Ils sortiront sans doute.

MERVAL, *au Chevalier.*

Il faut que je commence ;
Vous me seconderez. Je vais imaginer
Quelque prétexte adroit pour l'y déterminer.

LE CHEVALIER, *à part.*

Je garde le salon ; si quelqu'un l'abandonne
Ce ne sera pas moi.

PERMAVILLE.

Pour une fin d'automne

La soirée est bien belle, il faut en convenir ;
On se promenerait avec un vrai plaisir.

LE CHEVALIER.

Que n'en jouissez-vous ?

MERVAL, *au Chevalier.*

Fort bien.

PERMAVILLE.

Depuis une heure
Je cours & suis si las. (*Il s'assied.*) Vous permettez ?

LE CHEVALIER, *à part.*

Demeure
Jusqu'à demain matin.

MERVAL, *au Chevalier.*

Il s'assied.

LE CHEVALIER, *à part.*

Le bourreau !

(*A Merval.*)
Je le vois bien.

MERVAL.

D'ailleurs, ce séjour est si beau !
La maison, les jardins, l'aspect qui les décore....

PERMAVILLE.

Oui, peut-être Monsieur ne connaît pas encore
Tout cela ; c'est charmant.

MERVAL.

Je lui disais aussi.

LE CHEVALIER.

J'ai bien remarqué tout en arrivant ici.

MERVAL.

De votre appartement je lui vantais la vue :
Oh ! mais c'est qu'elle est là riche & d'une étendue....
Vous devriez, Monsieur, l'y mener pour la voir.

LE CHEVALIER.

Non, non; c'est déranger....

PERMAVILLE.

Il est trop tard ce soir :
Il faut, pour en juger, le plus grand jour.

LE CHEVALIER.

Sans doute :
Et le premier plaisir, après dix jours de route,
C'est le repos.

(*Il s'assied.*)

MERVAL, *au Chevalier.*

Eh bien ?

LE CHEVALIER.

J'en use comme vous.

MERVAL, *au Chevalier.*

Comment, si vous restez, le congédierons-nous ?

PERMAVILLE, *bas.*

J'ai l'air de trop ici : ce n'est pas moi qu'on chasse.

LE CHEVALIER, *à part.*

Nous verrons de nous trois qui cédera la place.

MERVAL, *bas au Chevalier.*

Parlez donc.

LE CHEVALIER, *bas à Merval.*

Parlez, vous : moi, j'ai pris mon parti.

MERVAL, *bas au Chevalier.*
Enfin....

LE CHEVALIER, *bas à Merval.*
Je sortirai quand il sera sorti.

MERVAL, *à part.*
Fort bien, d'aucun des deux je ne puis me défaire,
(*Haut.*)
Notre ami Bessoncour est de cette manière
Resté seul.

PERMAVILLE.
J'ignore où; je viens l'attendre ici.

LE CHEVALIER.
Pour attendre, en effet, l'endroit est bien choisi.

PERMAVILLE, *à part.*
Merval a des projets, & l'on cherche à m'exclure!
Messieurs, vous partirez avant moi, je vous jure.
(*Il se lève.*)

MERVAL, *au Chevalier.*
Il se lève.

LE CHEVALIER, *à Merval.*
Voyons.

PERMAVILLE, *prenant un métier à tapisserie.*
Achevons ce bouquet.

LE CHEVALIER, *bas.*
Pas mal.

MERVAL, *au Chevalier.*
Voilà mon homme établi tout-à-fait.

PERMAVILLE, *travaillant.*
Causez, je vous suivrai tout comme à l'ordinaire;
Cet ouvrage léger occupe sans distraire.

LE CHEVALIER, *prenant un livre.*

Le titre de ce livre est fort intéressant,
Je vais le parcourir : moi, j'écoute en lisant.

MERVAL.

Ah! les charmants plaisirs que ceux de la campagne!

LE CHEVALIER.

Et cette liberté qui sur-tout l'accompagne.

PERMAVILLE.

On travaille.

LE CHEVALIER.

On y lit.

PERMAVILLE.

Chacun n'a qu'à vouloir.

MERVAL.

Il me semble qu'aussi je peux fort bien m'asseoir.
(*Il s'assied.*)

LE CHEVALIER, *à part.*

On m'y tuera plutôt.

PERMAVILLE, *à part.*

Au moins je pourrai nuire.

MERVAL, *à part.*

Attendons du moment comme il faut me conduire.

SCENE V.

LE CHEVALIER, Madame DE VOLMARE, MERVAL, PERMAVILLE.

Madame DE VOLMARE, *de la Coulisse.*

NON, nön.

LE CHEVALIER.

Ce n'est pas elle.

PERMAVILLE.

On vient.

Madame DE VOLMARE.

Quoi ? là tous trois !
Assis sans vous parler ! je vous gêne, je crois.

MERVAL.

Non. L'un a travaillé : l'autre s'est mis à lire,
Et moi, je me suis mis....

Madame DE VOLMARE.

A penser sans rien dire.
Je vous reconnais bien.

LE CHEVALIER *à madame de Volmare.*

Elle ne viendra pas ?

Madame DE VOLMARE.

Que dit Monsieur ?

LE CHEVALIER.

Comment !

Madame DE VOLMARE.

Oui, vous parliez tout bas.

LE CHEVALIER, *troublé.*

(*à part.*)

Je parlais sans penser. La voilà qui me gronde.

PERMAVILLE.

La nuit dans le Château ramène tout le monde;
J'attendais au retour Monsieur votre oncle ici.

Madame DE VOLMARE.

Mon oncle!

MERVAL.

Moi, de même.

Madame DE VOLMARE, *au Chevalier.*

Et vous, Monsieur, aussi!
A l'air que vous aviez aisément on soupçonne
Que vous attendiez tous & la même personne.

PERMAVILLE.

Mais puisque le hasard vous présente à nos yeux,
Il ne pouvait jamais nous dédommager mieux.

Madame DE VOLMARE.

J'ai donc bien fait d'avoir, quoi qu'elle s'en chagrine,
Refusé constamment de suivre ma cousine.

MERVAL.

Elle! n'est-elle pas dans son appartement?

Madame DE VOLMARE.

J'y serais avec elle.

PERMAVILLE.

Eh! mais, dans ce moment
La nuit vient.

MERVAL.

Où va-t-elle ?

Madame DE VOLMARE.

A sa place ordinaire ;
Donnant la fin du jour aux soins de sa volière.

MERVAL, *à part.*

Bon.

PERMAVILLE, *à part.*

Est-ce un rendez-vous ?

Madame DE VOLMARE.

Tout trouble ce séjour.
D'un ménage nouveau qu'avoit formé l'amour
Deux jaloux sont venus interrompre le charme ;
Il faut les éloigner, prévenir le vacarme ;
Elle m'a proposé, pour l'aider, d'aller là ;
Mais moi je ne m'entens en rien à tout cela.

MERVAL.

C'est pourtant bien aisé.

PERMAVILLE.

Beaucoup moins qu'on ne pense :
Car, il en est plus d'un, dont la persévérance,
Trompe tous les efforts & qui résiste à tout :
Il faudrait le tuer pour en venir à bout.

LE CHEVALIER.

Monsieur a bien raison.

MERVAL.

Quand on a de la tête....

PERMAVILLE, *moitié bas.*

Rien n'eſt plus obſtiné que l'amour d'une bête.

Madame DE VOLMARE.

Jugez, quand ils ſont deux.

MERVAL.

Votre oncle ne vient pas;
Quelle raiſon encor peut retenir ſes pas ?

Madame DE VOLMARE.

Je l'ai vu dans ſa ferme.

MERVAL.

Ah! oui. Je me rappelle
Qu'il a fait ce matin de grands projets pour elle,
Et qu'il m'avoit prié de m'y trouver ce ſoir.

Madame DE VOLMARE.

Et là tranquillement, vous venez vous aſſeoir.

MERVAL.

J'y cours. Mon Dieu, ſans vous, quel oubli j'allais faire!

SCENE VI.

SCENE VI.

LE CHEVALIER, Madame DE VOLMARE, PERMAVILLE.

PERMAVILLE, *à part.*

C'EST fin : tout eſt d'accord. Il court à la volière ;
Mais il n'y ſera pas long-temps encor ſans moi.

Madame DE VOLMARE.

Ce Merval aime bien mon oncle.

PERMAVILLE.

Je le voi.

Madame DE VOLMARE.

Quand il faut obliger, il ſert avec un zèle....
Un ſeul mot lui ſuffit.

PERMAVILLE, *avec ironie.*

Quand on le lui rappelle.
(*A part.*)
La couſine le ſert.

LE CHEVALIER, *à Madame de Volmare.*

Pouſſez-le donc dehors.

Madame DE VOLMARE.

Il s'en ira tout ſeul, il ne faut pas d'efforts.

PERMAVILLE.

Puiſqu'ainſi diſperſé chacun va, ce me ſemble,
Retarder quelque temps l'inſtant qui nous raſſemble,
De cette liberté je m'en vais profiter.

Madame DE VOLMARE.

Comment! Et vous auſſi, vous allez nous quitter?

LE CHEVALIER, *bas à Madame de Volmare.*

Parbleu, laiſſez-le faire.

Madame DE VOLMARE.

Oh! je ne puis permettre.

PERMAVILLE.

Vous n'êtes pas ſeule.

Madame DE VOLMARE.

Oui, mais enfin....

PERMAVILLE.

Une lettre....

Madame DE VOLMARE.

Vous l'écrirez demain.

LE CHEVALIER.

Mais, c'eſt gêner Monſieur.

PERMAVILLE, *à part.*

Elle veut m'arrêter, c'eſt clair.

Madame DE VOLMARE.

J'ai de l'humeur,
On s'ennuie avec moi; car chacun me le prouve.

PERMAVILLE.

Pour joüir encor mieux du bonheur qu'on y trouve,
De tout ſoin importun je vole m'affranchir,
Et me rendre bientôt tout entier au plaiſir.

(*Il ſort.*)

SCENE VII.

LE CHEVALIER, Madame DE VOLMARE.

Madame DE VOLMARE.

NON.... Il eſt déjà loin.

LE CHEVALIER.

Vous avez bien, j'eſpère,
Fait pour l'en empêcher tout ce qu'il fallait faire.

Madame DE VOLMARE.

Eh! ne craigniez-vous pas qu'il reſtât? Pauvre eſprit!
Des efforts que j'ai feints s'augmentait ſon dépit.
Notre importun parti, le jaloux devait ſuivre:
C'eſt ainſi qu'un fâcheux d'un autre vous délivre.

LE CHEVALIER.

O femme! devant vous je reſte proſterné;
Que le plus fin de nous près de vous eſt borné!
Et la volière encor, gageons que je devine....

Madame DE VOLMARE.

Vous allez juſques-là?

LE CHEVALIER, *avec tranſport.*

Trop aimable couſine!
Incomparable amie!

Madame DE VOLMARE.

Eh! là, là, doucement.

LE CHEVALIER.

Mon Emilie?

Madame DE VOLMARE.

Ici sera dans un moment.
Jouïssez du bonheur qu'à tous deux il ménage :
Mais n'allez pas d'un mot détruire mon ouvrage.

LE CHEVALIER.

Vous me craignez toujours : à qui, de bonne-foi,
C'est-il dans l'Univers plus important qu'à moi ?

Madame DE VOLMARE.

Oui, mais beaucoup d'amour, de jeunesse & d'absence,
Voilà trois ennemis bien fort pour la prudence.

LE CHEVALIER.

La mienne y suffira.

Madame DE VOLMARE.

Vous voyez : ce sallon
Offre mille dangers, s'il ôte le soupçon ;
Chacun y peut venir. Songez....

LE CHEVALIER.

Songez vous-même
Qu'un temps heureux se perd ; que je l'attends, je l'aime ;
Que, jouet de l'espoir, mon cœur n'est plus à lui,
Et que de moi l'amour vous répond aujourd'hui.

Madame DE VOLMARE.

Voilà chasser les gens d'une manière étrange ;
Vous allez voir, Monsieur, comme un ami se venge.

SCENE VIII.

LE CHEVALIER, *seul.*

JOURS trop longs aux regrets, à souffrir employés,
Que par ce moment-ci vous êtes bien payés!
Du souvenir du mal le bien s'accroît encore.

SCENE IX.

(*Il fait nuit.*)

EMILIE, LE CHEVALIER.

LE CHEVALIER.

AH! c'est elle. Emilie! ah! vous, vous que j'adore,
Après tant de tourments, enfin, je vous revois.
Ces serments que ma main vous traça tant de fois,
Ma bouche, libre enfin, peut vous les faire entendre.

EMILIE.

Je tremble, mon ami. Si l'on vient nous surprendre....

LE CHEVALIER.

Eh quoi! pour le bonheur, nous n'aurons pas un jour!
L'amitié sous sa garde a mis ici l'amour.
Respirons à la fin. Depuis cette journée,
Où l'hymen à la vôtre a joint ma destinée,

Quel prix ai-je trouvé de la plus vive ardeur?
Un exil & des jours comptés par la douleur.
Quel terme à tant d'ennuis faut-il donc que j'espère?

EMILIE.

Je l'ignore.

LE CHEVALIER.

Et c'est-là, lorsque tout m'est contraire,
L'espoir qu'à mes chagrins offre votre pitié.
L'amour ose & veut moins que ne fait l'amitié.

EMILIE.

Vous savez si mon cœur à vos larmes résiste:
Un seul mot nous condamne au destin le plus triste;
N'importe, ce secret vous cause tant d'ennuis;
Je vous rends vos serments, dites tout, je vous suis.

LE CHEVALIER.

Non, commande à mon sort & règle mon absence;
Garde, si tu le veux, un éternel silence;
Sois heureuse & tranquile, & je ne m'en plains pas.
Ma chère, quel effort, quel sacrifice, hélas!
Coûte, quand ton bonheur en est la récompense.

SCENE X.

M. DE BESSONCOUR, EMILIE, LE CHEVALIER.

M. DE BESSONCOUR, *à part, dans le fond du Théâtre.*

On parle vivement.... C'eſt un amant, je penſe,
Voyons.

LE CHEVALIER.

Ton cœur ſoupire.

M. DE BESSONCOUR.

Ah! c'eſt notre étranger!
Quoi? Déjà!

LE CHEVALIER.

De mes maux ceſſe de t'affliger.
Laiſſe-m'en tout le poids; ne ſens que mon ivreſſe.

M. DE BESSONCOUR, *s'approchant un peu.*

Je ne reconnais pas à qui cela s'adreſſe.

LE CHEVALIER.

Ah! ne livre ton cœur qu'à des tranſports ſi doux
Qu'éprouve, en te voyant, un amant, un époux.

M. DE BESSONCOUR.

Un époux! avançons.

LE CHEVALIER.

Quel charme porte à l'ame.

Ce titre, quand l'amour le prononce.... Ah! ma femme.

(*Il lui baise la main.*)

M. DE BESSONCOUR.

Sa femme!... Je veux voir.

(*Il heurte une chaise.*)

EMILIE, *fuyant.*

Quelqu'un.... c'est fait de nous.

(*Le Chevalier la suit.*)

SCENE XI.

M. DE BESSONCOUR, *seul.*

SA femme! je ne puis retenir mon courroux.
On me joue à ce point! Quoi! c'est à l'instant même
Que contre tout mari ma colère est extrême,
Que l'on m'en amène un!... Mais laquelle était là?
Malheur à la coupable! Holà? quelqu'un, holà?

SCENE XII.

M. DE BESSONCOUR, PERMAVILLE, VALETS *apportant de la lumière.*

M. DE BESSONCOUR.

AH ! c'eſt vous ?

PERMAVILLE.

Qu'avez-vous à crier de la ſorte ?

M. DE BESSONCOUR.

Oh ! j'en ai grand ſujet : la fureur me tranſporte.

PERMAVILLE.

Et pourquoi ? qu'a-t-on fait ?

M. DE BESSONCOUR.

Ce Chevalier charmant,
Que l'on amène ici, dont on plaint l'accident,
Savez-vous ce que c'eſt, avec ſes politeſſes ?

PERMAVILLE.

Non : quoi donc ?

M. DE BESSONCOUR.

Le mari de l'une de mes nièces.

PERMAVILLE.

Le mari !

M. DE BESSONCOUR.

Très-mari.

PERMAVILLE.

Qui vous a dit cela ?

M. DE BESSONCOUR.

Moi, qui viens de l'entendre, & tout-à-l'heure là.

La nuit fur les objets répandait quelque doute,
J'entre; j'entends parler très-vivement; j'écoute:
Seul avec une femme & d'un ton attendri,
Ce Monfieur Chevalier s'expliquait en mari.

PERMAVILLE.

Et cette femme?...

M. DE BESSONCOUR.

Au bruit que j'ai fait eft partie:
J'ai cru pourtant au cri reconnaître Emilie.

PERMAVILLE.

Emilie! Elle aurait un époux! Ah! grands Dieux!

M. DE BESSONCOUR.

N'eft-ce pas révoltant? Qu'en dites-vous?

PERMAVILLE.

Affreux!

M. DE BESSONCOUR.

Merval, qui va chercher fon mari, le préfente,
Lorfqu'à la lui donner il veut que je confente!
L'entendez-vous?

PERMAVILLE.

Qui diable entend cet homme-là?

M. DE BESSONCOUR.

Eft-une erreur, un jeu? Qu'eft-ce donc que cela?

PERMAVILLE.

Ce qu'il fait & fera toujours quoiqu'on lui dife.

M. DE BESSONCOUR.

Il vient avec cet air....

PERMAVILLE.

Qu'a toujours la fotife.

SCENE XIII.

MERVAL, M. DE BESSONCOUR, PERMAVILLE.

M. DE BESSONCOUR.

EH bien! Monſieur, encor venez-vous, par plaiſir,
De nous chercher quelqu'un?

MERVAL.

Je ſuis las de courir,
Et de chercher par-tout, pour ne trouver perſonne.

PERMAVILLE.

C'eſt fâcheux: car toujours le ſuccès vous couronne.

M. DE BESSONCOUR.

Vous devez, par exemple, être content de vous
Aujourd'hui?

MERVAL.

Mais pas trop.

M. DE BESSONCOUR.

Réunir deux époux,
Servir leurs feux ſecrets, vraiment peut-on mieux faire?

MERVAL.

Que peut ſignifier cette ironie amère?

M. DE BESSONCOUR.

Que votre Chevalier, ce paſſant malheureux,
Et qui reçut de vous des ſoins ſi généreux,
Eſt l'époux de ma nièce.

PERMAVILLE.

Oui, l'époux d'Emilie.

MERVAL.

D'Emilie ! allons donc : quelle est cette folie ?

PERMAVILLE.

Monsieur les a surpris, & le fait est certain.

MERVAL.

Emilie !

M. DE BESSONCOUR.

Oui, c'est elle, ou sa cousine enfin :
Car je ne puis, au vrai, bien affirmer laquelle.

MERVAL.

Allez dans le jardin : vous verrez si c'est elle.

M. DE BESSONCOUR.

Quoi ?

MERVAL.

Je viens d'y trouver en grand particulier
Madame de Volmare avec le Chevalier.

M. DE BESSONCOUR.

Je ne pardonne pas plus à l'une qu'à l'autre.

PERMAVILLE.

Elle, prendre un mari ! quelle erreur est la vôtre ?
Avec le cœur, l'esprit & la tête qu'elle a.

MERVAL.

Le cœur, l'esprit, ce sont de beaux témoins, ceux-là,
Bien conséquents sur-tout. Des faits ; voilà mes preuves.
Tantôt, sur le chemin laquelle de nos veuves
M'a bien vite envoyé ?... Depuis qu'il est venu,
Qui d'elles d'eux toujours l'a seul entretenu ?...
Qui là laissâmes-nous avec lui, tête-à-tête ?...
Madame de Volmare. Ah ! je ne suis pas bête.

PERMAVILLE.

Vous avez bien raiſon de le dire, ma foi.

MERVAL.

Rapprochez tous les faits, vous verrez comme moi.

PERMAVILLE.

Mais la voix était bien....

M. DE BESSONCOUR.

Oui, celle d'Emilie.
Mais, l'une ou l'autre enfin, elle ſera punie.
Je veux que le galant d'abord parte aujourd'hui.

PERMAVILLE.

Lui ! bien.

M. DE BESSONCOUR.

J'y vais mettre ordre ; & ce ſoir avec lui,
Puiſque mon amitié, mes ſoins, rien ne la flate,
Puiſqu'elle m'a trompé, qu'il emmène une ingrate.

(*Il ſort.*)

Fin du ſecond Acte.

ACTE III.

SCENE PREMIERE.

EMILIE, Madame DE VOLMARE, LE CHEVALIER.

Madame DE VOLMARE.

EH ! bien douter de vous, c'était donc une offense.

LE CHEVALIER.

Je suis un malheureux.

Madame DE VOLMARE.

Jugeant votre prudence
Je cours chercher mon oncle & l'arrêter chez lui.
En rentrant du jardin, il passe par ici,
Et vous ne voyez rien.

LE CHEVALIER.

Eh ! Je ne voyais qu'elle ;
Que j'aime, que je perds, que ma faute cruelle
Prive d'un protecteur que rien ne peut fléchir.
Je sens trop à quel point vous devez me haïr.

EMILIE.

Vous haïr ! mon ami ! vous avez pû le craindre ?

Madame DE VOLMARE.

N'êtes-vous pas déjà tous deux assez à plaindre !

Pourquoi charger vos maux du poids de la douleur ?
En égarant l'esprit, elle flétrit le cœur.

LE CHEVALIER.

S'il restait quelqu'espoir dans ce moment d'orage....

Madame DE VOLMARE.

Tout finit.

LE CHEVALIER.

Mais voyez : qu'avons nous ?

Madame DE VOLMARE.

Le courage
Et moi : conservez l'un ; & l'autre, j'en réponds.

EMILIE.

Ah ! mon amie !

LE CHEVALIER.

Hélas !

Madame DE VOLMARE.

Plus de larmes, voyons :
Tout ceci, c'est ma faute.

EMILIE.

Ah ! la chose....

Madame DE VOLMARE.

Est très-sûre.
Si je ne l'avais pas, en brisant sa voiture,
Forcé de s'arrêter & de venir ici,
Nous n'en serions pas tous au point où nous voici.

LE CHEVALIER.

Otez donc à mon cœur le remord qui l'accable,
Charmante femme ! Oh ! oui : vous seule êtes coupable.

Madame DE VOLMARE.

Non : je suis la premiere : il faut mettre nos torts
En commun tous les trois, ainsi que nos efforts.

LE CHEVALIER.

Ce que j'ai fait....

Madame DE VOLMARE.

Est fait. Voyons ce qu'il faut faire,
Mon oncle est vif, mais bon.

LE CHEVALIER.

Au moins si sa colère
Me laissait d'un seul jour espérer le délai !
Mais, tombant à ses pieds j'ai fait un vain essai
Et voulu par mes pleurs toucher son cœur sensible :
Hélas ! au premier mot encor plus inflexible
Il m'a fermé la bouche avec une rigueur.....

Madame DE VOLMARE.

Qui n'est pas toute à lui, j'en connais bien l'auteur.
Vous seriez moins coupable, elle étant moins jolie :
Mais vos ennemis, grace aux charmes d'Emilie,
Sont un oncle amoureux de son autorité,
Qu'irritent deux jaloux, qu'a joués ma gaité.
Ainsi c'est le tems seul qui permet l'espérance.
Maintenant vos devoirs sont dans l'obéissance.
Partez.

LE CHEVALIER.

Auprès de lui que nous restera-t-il ?

Madame DE VOLMARE.

Un cœur qui, plus que vous, souffre de votre exil ;

Une

Une amie, une sœur dont toujours la fortune
Quelque soit l'avenir vous deviendra commune.

EMILIE.

Vous créez des plaisirs même au sein des tourmens.

Madame DE VOLMARE.

Sur-tout, fuyez mon oncle en ces premiers momens.
Il se croit offensé : c'est en vain qu'on l'implore,
Le cœur s'aigrit de tout, quand l'orgueil parle encore.
On vient : séparez-vous. Vous êtes malheureux
Et trop faibles ensemble : attendez-moi tous deux.

ÉMILIE, *en s'en allant.*

Disposez de mon sort ; à vous je le confie.

Madame DE VOLMARE.

Vous me verrez bien-tôt.

LE CHEVALIER, *voulant suivre Emilie.*

Ma chère & tendre amie !

Madame DE VOLMARE, *les séparant.*

Mais sortez donc, on entre.

LE CHEVALIER.

Ah ! grands Dieux !

Madame DE VOLMARE.

C'est Merval.

SCENE II.

MERVAL, Madame DEVOLMARE.

MERVAL.

ENCORE eux ! C'est trop clair : ne nous voilà pas mal :
Vous vous accoutumez sans doute au tête-à-tête.
Vous en aurez le tems : car le départ s'apprête,
Et l'oncle vient de tout arranger pour le mieux.

Madame DE VOLMARE.

Vous, connoissant l'amour, les pleurs d'un malheureux
Peuvent ils vous donner une gaîté pareille !

MERVAL.

Prêchez-moi la pitié, vous ; je vous le conseille,
Après les jolis tours que vous m'avez joués ;
Riant des sentiments que j'avais avoués,
Quand vous m'avez tantôt pour ce Monsieur, sans doute,
Fait courir lestement jusqu'à la grande route,
Vous faisais-je pitié ? Me plaignez-vous ce soir,
Quand plus maligne encor vous m'avez, pour le voir,
Écarté du salon avec une autre ruse.

Madame DE VOLMARE.

M'auriez vous autrement obéi ?

MERVAL.

Belle excuse !
Pourquoi m'en faisiez-vous un secret ?

Madame DE VOLMARE.

Comme à tous.

MERVAL.

Je vous ai dit le mien.

Madame DE VOLMARE.

C'est qu'il était à vous.

MERVAL.

Il vous touchait assez pour en être maitresse.
Vous avez fait miracle avec votre finesse ;
Votre oncle furieux ne peut se contenir :
Permaville l'aigrit & l'excite à punir ;
Et quand d'effroi par vous la maison est remplie,
Vous laissez de vos torts soupçonner Emilie.

Madame DE VOLMARE.

Soupçonner !

MERVAL.

Oui vraiment : n'ont-ils pas sur un cri
Jugé que d'Emilie il était le mari.

Madame DE VOLMARE.

J'ai crû que c'était sûr.

MERVAL.

Pour me donner le change
Sur l'erreur de la nuit, que votre esprit s'arrange.
Vous pouvez bien tromper l'oncle & notre jaloux ;
Mais, moi, je suis bien sûr, oui.....

Madame DE VOLMARE.

Qu'il est mon époux ?

MERVAL.

Niez-le par hasard.

Madame DE VOLMARE, *à part.*

L'espoir naît dans mon âme.

(*Haut.*)

Ainsi, vous assurer qu'Emilie est sa femme ?....

MERVAL.

Ce serait me donner une preuve de plus.
Vos pièges, vos détours me sont trop bien connus,
Et tous ceux d'aujourd'hui l'amour seul les inspire.

Madame DE VOLMARE.

Allons, puisque c'est moi, puisqu'il faut vous le dire,
Oserais-je à présent vous demander, Monsieur,
Qui vous donne à me nuire une si belle ardeur ?

MERVAL.

Je suis votre jouet !

Madame DE VOLMARE.

Unie à ce que j'aime,
Je veux le voir, & trouve une rigueur extrême.
L'adresse pouvait seule écarter le danger,
J'ai voulu me servir, & non vous outrager !

MERVAL.

Vous ne m'en vouliez pas ?

Madame DE VOLMARE.

Vous auriez fait de même.

MERVAL.

Je sais que presque tout est permis quand on aime.

Madame DE VOLMARE.

Et vous vous emportez ?

MERVAL.

Ma foi, que voulez-vous ?
Moi, j'ai crié bien fort, parce qu'ils criaient tous.

Madame DE VOLMARE.

Et voilà tout le mal : car, si quelqu'ami sage,
Aux éclats de mon oncle opposant le courage,
Eût attaqué son cœur; dans ces nouveaux liens,
Eût sçu lui faire voir une source de biens,
Le bonheur, les plaisirs que par son indulgence
Sa vieillesse obtenait de la reconnaissance,
Nous étions tous heureux.

MERVAL.

C'est assez vrai, cela.

Madame DE VOLMARE.

Vous-même....

MERVAL.

Oui, je devais être cet ami là :
Mais tout disait d'abord que c'était Emilie,
Et ce n'est pas, ma foi, pour son rival qu'on prie.

Madame DE VOLMARE.

Vous voilà rassuré sur la rivalité. !

MERVAL.

J'aurais d'autant mieux fait, que d'un oncle irrité
Sur ce premier hymen obtenant le suffrage,
Rien ne s'élevait plus contre mon mariage,
Je gagnais deux amis, j'ôtais tout embarras.

Madame DE VOLMARE.

Ah ! de votre intérêt je ne vous parle pas.

MERVAL.

C'est beaucoup cependant. Un même espoir nous lie.
Ecoutez, faites-moi le mari d'Emilie,
Et je vais m'employer pour vous faire accorder.....

Madame DE VOLMARE.

C'est elle & non pas moi qu'il faudrait décider.

MERVAL.

Elle le voudra bien.

Madame DE VOLMARE.

Eh bien, qu'elle y consente,

Et mes soins sont à vous.

MERVAL.

Ah! vous êtes charmante....

Permaville pourtant....

Madame DE VOLMARE.

Ne l'épousera pas,

Soyez en sûr.

MERVAL.

Vraiment.

Madame DE VOLMARE.

J'en réponds.

MERVAL.

En ce cas....

Mais le voilà qui rêve?

Madame DE VOLMARE.

Il vient.

MERVAL.

Pour notre affaire,

Savez-vous avec lui ce qu'il nous faudrait faire?

Madame DE VOLMARE.

Quoi donc?

MERVAL.

Ici notre homme a le plus grand crédit.

Il aime, & son erreur a causé son dépit.
Rendez libre Emilie, & faites qu'il espère ;
Il parlera pour vous, vous aurez grace entière.

Madame DE VOLMARE.

Fort bien : mais c'est tromper.

MERVAL.

Quel scrupule avez-vous ?

Madame DE VOLMARE.

Il n'en faut point avoir ?

MERVAL.

Attraper un jaloux,
Un méchant qui nous nuit, que son intérêt pousse ;
C'est justice.

Madame DE VOLMARE.

Vraiment !

MERVAL.

Et c'est bien la plus douce.

Madame DE VOLMARE.

Malin, reprochez-moi mes ruses de tantôt ;
Vous en avez bien plus.

MERVAL.

On en a quand il faut.
Je sors : assurez-vous des soins de Permaville,
Je vous réponds des miens, & d'un succès facile.

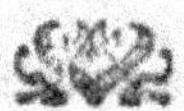

SCENE III.

Madame DE VOLMARE, *seule.*

Ah! Messieurs les amants, que vous voilà bien tous!
Prêchant les procédés que vous craignez pour vous.

SCENE IV.

Madame DE VOLMARE, PERMAVILLE.

Madame DE VOLMARE.

Mais voici l'autre; allons, donnons-nous l'air coupable.

PERMAVILLE, *à part.*

Je veux ne pas le croire & le soupçon m'accable.
Je vois l'une des deux, tâchons de m'éclaircir:
(*Haut.*)
Qui seule dans ces lieux peut donc vous retenir?

Madame DE VOLMARE.

L'espoir, qu'y laisse un oncle à ma douleur mortelle,
De le voir, le fléchir.

PERMAVILLE, *à part.*

Quel ton triste! C'est elle....
(*Haut.*)
Pour affaire chez lui votre oncle est retiré.

Madame DE VOLMARE.

A la même colère est-il toujours livré?

PERMAVILLE.

En eſt-il de plus juſte ? Avec autant d'étude
Joignit-on plus de ruſe à plus d'ingratitude ?
Il n'a qu'un ſeul deſir ; peut-on l'offenſer mieux ?
En ſecret mariée !

Madame DE VOLMARE.

Oui, le crime eſt affreux ;
J'en conviens avec vous.

PERMAVILLE, *à part.*

Eh ! mais, quand on l'accuſe,
Un coupable toujours ſçait trouver une excuſe.
C'eſt l'autre.

Madame DE VOLMARE.

Mais du tort rapprochez le malheur.
Sans reſſources, ſans biens, en proie à la douleur,
Rejettés & proſcrits par le meilleur des hommes ;
Voyez pour l'avenir dans quel état nous ſommes.

PERMAVILLE.

Nous ſommes ! Que vous fait le ſort de deux Epoux ?

Madame DE VOLMARE.

Comment !

PERMAVILLE.

Vous en parlez comme ſi c'étoit vous.

Madame DE VOLMARE.

Il le faut bien, hélas !

PERMAVILLE, *vivement.*

Ce n'eſt pas Emilie ?

Madame DE VOLMARE.

Elle ou moi, c'eſt toujours....

PERMAVILLE.

Une grande folie,

Je le sçais ; mais enfin, pour vous conduire ainsi,
Peut-être vous aviez une raison aussi ?

Madame DE VOLMARE.

Une seule ; l'Amour.

PERMAVILLE.

Oh ! c'est bien la plus forte.

Madame DE VOLMARE.

Que votre cœur prononce, à lui je m'en rapporte.
Objet de tous vos vœux, si quelque femme un jour,
Je suppose Emilie, offroit à votre amour
Un bonheur aussi doux, sous la loi du mystère ;
Le refuseriez-vous ? Parlez, soyez sincère.

PERMAVILLE.

Oh ! Bessoncour bientôt couronnerait nos vœux.

Madame DE VOLMARE.

A quel titre ? Par lui ; si l'un de ses neveux
Est ainsi maltraité, que peut espérer l'autre ?

PERMAVILLE.

Tout ; car j'ai son secret sur mon sort & le vôtre.
Tout ce bruit n'est au fait que pour vous faire peur.

Madame DE VOLMARE.

Comment donc !

PERMAVILLE.

L'indulgence est au fond de son cœur.

Madame DE VOLMARE.

Ah ! que me dites-vous ?

PERMAVILLE.

Ce qu'il m'a dit lui-même.

Madame DE VOLMARE, *à part.*

Ils feront donc heureux !

PERMAVILLE.

Quoiqu'au fond il vous aime,
Son cœur, plein du paſſé, redoute votre choix ;
Il craint qu'un neveu jeune, abuſant de ſes droits,
Et voulant tout régler ſur les goûts de ſon âge,
N'apporte un jour chez lui le trouble & l'eſclavage.

Madame DE VOLMARE.

Ah ! s'il étoit connu de vous comme de moi,
Qu'aiſément vous pourriez diſſiper cet effroi.

PERMAVILLE.

Mais, oui ; ſon air engage & ſon maintien raſſure.

Madame DE VOLMARE.

N'eſt-ce pas ?

PERMAVILLE.

Si ſon ame eſt comme ſa figure
Il doit mettre par-tout le bonheur & la paix.

Madame DE VOLMARE.

Ce qu'ont vos jugements, c'eſt qu'ils ſont toujours vrais.

PERMAVILLE.

Son âge, quel eſt-il ?

Madame DE VOLMARE.

Mais à-peu-près le nôtre.

PERMAVILLE.

Cela feroit fort bien.

Madame DE VOLMARE.

Un goût comme le vôtre,
Déteſtant le grand monde, & vivant pour ſon cœur.

PERMAVILLE.

Mais vous m'intéressez : même goût, même humeur ;
Rien de notre union n'altéreroit les charmes.

Madame DE VOLMARE.

Oui, mon oncle, en plaisirs, d'un mot change nos larmes.

PERMAVILLE.

Eh ! bien, il faut l'avoir : réunissons nos droits ;
Par les pleurs, la raison, attaquons-le à la fois ;
Tout seul contre son cœur, ses amis & sa niece,
Combattra-t-il long-temps, comptez sur sa foiblesse.

Madame DE VOLMARE.

Ah ! que vous m'enchantez !

PERMAVILLE.

Mais plaisir pour plaisir.
Vous heureux, aidez-moi tous à le devenir.

Madame DE VOLMARE.

Eh ! comment, s'il vous plaît ?

PERMAVILLE.

Par l'hymen d'Emilie.

Madame DE VOLMARE.

Vous en demandez plus que ne peut une amie.

PERMAVILLE.

Du moins, parlez pour moi.

Madame DE VOLMARE.

Je m'y peux engager.

PERMAVILLE.

Pour exclure Merval daignez me protéger.

Madame DE VOLMARE.

Mon oncle, dans son cœur tantôt vous a fait lire ;

Moi, j'ai lu dans celui d'Emilie ; & puis dire,
Que sûrement Merval ne l'épousera pas.

PERMAVILLE.

Vous me rendez l'espoir ; & je vais de ce pas,
Pour vous rendre la paix, mettre tout en usage.

Madame DE VOLMARE.

J'entends mon oncle.

PERMAVILLE.

Allons, Madame, du courage,
Et nous l'emporterons.

SCENE V.

MERVAL, Madame DE VOLMARE, M. DE BESSONCOUR, PERMAVILLE.

M. DE BESSONCOUR, *en entrant, à Merval.*

NON, qu'ils partent ce soir :
Ils m'ont trompé tous deux, je ne veux plus les voir.....
(*A Madame de Volmare.*)
Madame, c'est donc vous qui, bravant ma défense,
Voulez m'embarrasser d'un homme qui m'offense ?
Suivez-le, puisque seul ce Monsieur vous convient.

Madame DE VOLMARE.

Mon oncle !

M. DE BESSONCOUR, *lui remettant un porte-feuille.*

Allez : voilà ce qui vous appartient.

Madame DE VOLMARE.

A moi!

M. DE BESSONCOUR.

Prenez : je sçais quelle est votre fortune ;
Que le Chevalier sert, & n'en possede aucune.
A d'éternels besoins vous seriez condamnés,
Vous ne les craindrez plus avec cela : prenez ;
Mais laissez-moi tranquille.

Madame DE VOLMARE.

Homme trop respectable,
Vous me comblez de biens en me croyant coupable.

M. DE BESSONCOUR.

Vous l'êtes, & beaucoup : je le sçais ; mais mon cœur
Desire son repos & non votre malheur.

Madame DE VOLMARE.

En est-il de plus grands que ceux de vous déplaire ;
De vivre loin de vous, à votre ame étrangère ?

M. DE BESSONCOUR.

Vous eussiez, le pensant, agi différemment.

MERVAL.

Le pouvaient-ils au fait ? Parlons sincèrement.
On ne peut être franc avec ceux qu'on redoute.

M. DE BESSONCOUR.

J'ai tort.

MERVAL.

Mais écoutez.....

M. DE BESSONCOUR.

Que faut-il que j'écoute ?
Depuis une heure au moins que vous parlez pour eux,
Vous n'avez fait, Monsieur, que m'aigrir un peu mieux.

Madame DE VOLMARE.

Mon oncle, je conçois quel courroux vous anime.

Après tant de bontés une faute est un crime ;
Mais d'un Juge sévère écartez la rigueur,
N'écoutez que l'arrêt que dicte votre cœur :
Ce cœur si bon, pour qui voir des heureux, en faire,
Est, depuis qu'il respire, un plaisir nécessaire.
Importuné des pleurs que vous feriez couler....

M. DE BESSONCOUR.

Je n'ai qu'un mot : envain vous voulez m'ébranler.

Madame DE VOLMARE.

Repoussant de vos bras votre triste famille....

M. DE BESSONCOUR.

Il me reste une nièce, elle sera ma fille.

Madame DE VOLMARE.

Vous perdez la plus tendre, & sur qui vos bienfaits
Vont rendre tous vos droits plus sacrés que jamais :
Le regret, malgré vous, vous atteindra loin d'elle.
Un mot, & vous verrez votre nièce fidelle,
A vous complaire en tout instruisant son époux,
Vous rendre le bonheur qu'elle tiendra de vous ;
Un neveu doux, soumis, dont la reconnaissance
Va d'un père sur lui vous donner la puissance.
Vous rendez tout heureux, nos maux sont effacés,
Et c'est un cœur de plus que vous asservissez.

M. DE BESSONCOUR.

Oh ! oui : sur l'avenir le passé rend tranquille ;
L'un & l'autre m'apprend comme il sera docile.

PERMAVILLE.

Allons, mon bon ami, c'est d'un trop long courroux
Fatiguer votre cœur contr'eux & contre vous,

Sans doute, ils ont des torts, mais l'amour les leur donne;
Il en a tous les jours de plus grands qu'on pardonne.

M. DE BESSONCOUR.

Vous me parlez pour eux, vous, qui dans ce moment
Accusiez la lenteur de mon ressentiment!

PERMAVILLE.

Oui, ne voyant que vous, exagérant l'offense,
J'ai d'un premier transport suivi la violence:
Mais un peu de justice & de réflexion,
Leur amour & l'excès de la punition,
Enfin ce que j'ai vu, ce que m'a dit Madame,
D'un sentiment plus juste a pénétré mon ame.
Imitez-moi.

M. DE BESSONCOUR.

Non, non.

Madame DE VOLMARE.

Mon oncle.

PERMAVILLE.

Mon ami.

MERVAL.

Monsieur.

M. DE BESSONCOUR, *à part.*

Que je m'en veux!

Madame DE VOLMARE.

Vous êtes attendri.

PERMAVILLE.

Je connais le motif qui vous rend si févère;
D'une fausse terreur repoussez la chimère.
Maître de votre sort, vos goûts feront leurs loix;

Votre

Votre repos, leur bien ; & dociles par choix,
L'amour fera pour vous ce que faisait la crainte.

Madame DE VOLMARE.

Jamais, je vous le jure, aucun sujet de plainte....

MERVAL.

Nous sommes leurs garants.

Madame DE VOLMARE.

Je tombe à vos genoux.

MERVAL.

Pardonnez.

PERMAVILLE.

Votre cœur vous le dit plus que nous,
Cédez.

M. DE BESSONCOUR.

Contr'eux toujours vous deviez me défendre,
Et vous me trahissez, ami fidèle & tendre ?

PERMAVILE.

Je vous sers, je vous force à faire des heureux.

M. DE BESSONCOUR.

Puisque contre moi seul tout le monde est pour eux,
Il faut sur la raison que l'amitié l'emporte.
Je m'en repentirai, c'est certain : mais n'importe.
Restez.

PERMAVILLE.

Bien, mon ami.

Madame DE VOLMARE.

Le Chevalier aussi ?

M. DE BESSONCOUR.

Se peut-il autrement ? puisqu'il est le mari,
Punir l'un maintenant, ce serait punir l'autre.

MERVAL, *à part.*

Bon ! Ce premier ſuccès eſt le garant du nôtre.

M. DE BESSONCOUR.

Qu'on le faſſe venir.

Madame DE VOLMARE.

Moi-même, dans ſon cœur
Je vole ramener le calme & le bonheur ;
Le conduire à vos pieds, & mériter ſa grace....

M. DE BESSONCOUR.

Non, plus de ce mot-là : qu'il vienne, qu'il m'embraſſe :
En pardonnant les torts, j'en perds le ſouvenir ;
Empêchez-le, du moins de jamais revenir.

Madame DE VOLMARE.

Allons sècher les pleurs de la pauvre Emilie.

SCENE VI.

MERVAL, M. DE BESSONCOUR, PERMAVILLE.

M. DE BESSONCOUR.

Je ne prononce plus de ſermens de ma vie.
Dans le fond de mon cœur j'avais bien fait le vœu
Que jamais près de moi ne vivrait un neveu ;
Le voilà bien rempli !

PERMAVILLE.

D'une façon plus ſage :
En lui, tout vous convient, le nom, l'état & l'âge.

MERVAL.

Moi, depuis ſon berceau je l'ai toujours connu

Bon fils, meilleur ami, cité pour sa vertu.
Qui le combat l'estime, & qui le connaît l'aime :
Vous n'auriez pû jamais mieux choisir pour-vous même.

PERMAVILLE.

Pour des maux incertains perdrez-vous de vrais biens ?
Un cœur comme le vôtre a besoin de liens.

M. DE BESSONCOUR.

C'est par eux que de nous on abuse sans cesse.
Vous verrez quelle suite aura cette faiblesse ?

PERMAVILLE.

Quoi !

M. DE BESSONCOUR.

Celle-ci tranquille, Emilie à son tour
Viendra de vœux pareils me tourmenter un jour ;
Qu'aurai-je à lui répondre ?

PERMAVILLE.

Oui. Pourquoi vous débattre ?
Au lieu de deux heureux vous en aurez fait quatre.

M. DE BESSONCOUR.

Et je paierai pour eux.

MERVAL.

Non : tout dépend du choix.
Faites-en un pour elle, & croyez...

M. DE BESSONCOUR.

Je la vois.

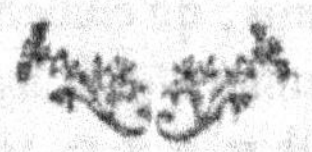

SCENE VII.

MERVAL, EMILIE, M. DE BESSONCOUR, PERMAVILLE.

EMILIE, *se précipitant aux pieds de son oncle.*

MON oncle, se peut-il ?.... vos genoux que j'embrasse.

M. DE BESSONCOUR.

Avez-vous aussi, vous, à me demander grace ?

EMILIE.

Non ; non : puisqu'elle est faite, & qu'enfin un époux
Peut à jamais.

PERMAVILLE.

Madame ; eh ! mais, ce n'est pas vous.

MERVAL.

C'est unique, à quel point l'amitié vous égare.

EMILIE.

Serait-ce un vain espoir ? Madame de Volmare....

M. DE BESSONCOUR.

Vous avez fait comme elle !..... Eh ! bien l'avais-je dit ?
Il me pleut des neveux.

MERVAL.

Remettez votre esprit.

EMILIE.

N'avez-vous pas promis, qu'embellissant ma vie,
Vous adopteriez l'homme à qui l'hymen me lie ?

M. DE BESSONCOUR.

A vous ! Qu'est-ce ceci ? de qui me parlez-vous ?

EMILIE.

Du Chevalier.

PERMAVILLE.

Comment !

MERVAL.

De lui ?

EMILIE.

De mon époux.

MERVAL.

Votre époux ! c'est un jeu.

PERMAVILLE.

Parlez-vous vrai, Madame ?

M. DE BESSONCOUR.

Mais à chaque minute il change donc de femme ?
C'était votre cousine, & c'est vous maintenant ?

PERMAVILLE, (*à part*).

Vous verrez qu'on m'aura joué comme un enfant.

MERVAL.

A quoi bon cette feinte ? allons, c'est assez rire.

EMILIE.

Mais non ; je ne ris point.

MERVAL.

Je ne sais plus qu'en dire.

M. DE BESSONCOUR.

Qui de vous est sa femme, à la fin ?

SCENE VIII & dernière.

MERVAL, EMILIE, LE CHEVALIER, Madame DE VOLMARE, M. DE BESSONCOUR, PERMAVILLE.

LE CHEVALIER.

LA voilà.

MERVAL.

Emilie!

PERMAVILLE.

Emilie!

Madame DE VOLMARE.

Oui : c'est bien celle-là.

LE CHEVALIER.

L'amour depuis un an a formé notre chaîne;
Condamnés au secret, à l'absence, à la peine,
Nous n'avions du destin connu que le courroux :
Mais, vous nous pardonnez, tout est bonheur pour nous.

M. DE BESSONCOUR

En arrivant ici, vous étiez mariée?

Madame DE VOLMARE.

Quand vous la pardonnez la faute est oubliée;
Vous l'avez dit.

M. DE BESSONCOUR.

Mais, vous, dites moi-donc aussi,
Ce que décidément vous êtes dans ceci?

LE CHEVALIER.

Oh ! la plus noble amie.

EMILIE.

Et la sœur la plus chère.

Madame DE VOLMARE.

Qui vous connaissant bien, ait de votre colère
Reçu les premiers traits, épuisé tous les feux
Pour ne plus leur laisser que vos bontés pour eux.
C'est toujours votre nièce à qui vous faites grace :
Vos amis permettront qu'elle prenne ma place.

EMILIE.

Croyez qu'à vous aimer, vous obéir toujours,
Et mon époux & moi consacrerons nos jours.

LE CHEVALIER.

Ah ! mon cœur....

M. DE BESSONCOUR.

C'est fort bien ; si l'on change la femme
Le mari ne l'est pas ; & toujours dans son ame
Sont les mêmes vertus que vous me vantiez tous.

LE CHEVALIER.

Ces Messieurs.

M. DE BESSONCOUR.

Tous les deux m'ont répondu de vous.

PERMAVILLE.

C'est ce monsieur Merval....

MERVAL, *à part.*

Ah ! la double friponne !

M. DE BESSONCOUR.

Près d'elle aimez un peu l'oncle qui vous la donne.

LE CHEVALIER.

Mes jours seront à vous.

Madame DE VOLMARE.

Tout vous le garantit;
Ces Messieurs vous diront....

MERVAL.

Oh ! rien : nous avons dit
Tout ce qu'il en fallait.

PERMAVILLE, *à part.*

Oui, pour être bien dupe.

M. DE BESSONCUR.

Allons changer les soins dont pour vous on s'occupe.
Vos voyages, je crois, sont finis.

LE CHEVALIER.

A jamais,
Puisque près d'elle & vous m'ont fixé vos bienfaits.

M. DE BESSONCOUR.

Venez : dans ce moment c'est jouer de fortune
D'en être, sur les deux, au moins quitte pour une.

Fin du troisième & dernier Acte.

Lu & approuvé pour la représentation & pour l'impression, ce 6 Mars 1786. SUARD.

Vu l'approbation, permis de représenter & d'imprimer. A Paris, ce 6 Mars 1786. DE CROSNE.

Conforme à l'Original, ce 27 Avril 1786.

DE LAPORTE, *Secrétaire de la Comédie Française.*

De l'Imprimerie de CAILLEAU, rue Gallande, N°. 64.

42

www.ingramcontent.com/pod-product-compliance
Ingram Content Group UK Ltd.
Pitfield, Milton Keynes, MK11 3LW, UK
UKHW020927180726
13838UKWH00002B/797

9 782329 265254